50
PODERES
EM VOCÊ

CRISTIANO MALAMUD

© 2018 por Cristiano Malamud
© iStock.com/sarawuth702

Coordenadora editorial: Tânia Lins
Coordenador de comunicação: Marcio Lipari
Capa e projeto gráfico: Jaqueline Kir
Preparação: Janaina Calaça
Revisão: Equipe Vida & Consciência

1ª edição — 1ª impressão
3.000 exemplares — abril 2018
Tiragem total: 3.000 exemplares

**CIP-BRASIL — CATALOGAÇÃO NA PUBLICAÇÃO
(SINDICATO NACIONAL DOS EDITORES DE LIVROS, RJ)**

M196c

    Malamud, Cristiano
    50 poderes em você / Cristiano Malamud. - 1. ed., reimpr. -
São Paulo : Vida & Consciência, 2018.
    208 p. ; 21 cm..

    ISBN 978-85-7722-555-2

    1. Sucesso. 2. Técnicas de autoajuda. I. Título.

18-47973   CDD: 158.1
                                   CDU: 159.947

Todos os direitos reservados. Nenhuma parte desta edição pode ser utilizada ou reproduzida, por qualquer forma ou meio, seja ele mecânico ou eletrônico, fotocópia, gravação etc., tampouco apropriada ou estocada em sistema de banco de dados, sem a expressa autorização da editora (Lei nº 5.988, de 14/12/1973).

Este livro adota as regras do novo acordo ortográfico (2009).

Vida & Consciência Editora e Distribuidora Ltda.
Rua Agostinho Gomes, 2.312 — São Paulo — SP — Brasil
CEP 04206-001
editora@vidaeconsciencia.com.br
www.vidaeconsciencia.com.br

Não poderia deixar de fazer uma dedicatória à minha amada esposa e companheira Ozana Marques Malamud, que, incansavelmente, me apoiou neste projeto desde o início e fez de tudo para me propiciar momentos em que eu pudesse ter paz e tranquilidade para escrever esta obra.

Gostaria de agradecer a inspiração espiritual e metafísica que recebi de Luiz Antonio Gasparetto e de Calunga por meio de áudios, palestras e cursos ao longo dos anos, incluindo as aulas de biofluxo. Gostaria também de agradecer à Vida & Consciência Editora por ter acolhido esta obra e ao amigo e escritor Marcelo Cezar, que tornou possível meu sonho de publicar um livro.

SUMÁRIO

APRESENTAÇÃO **11**

1. INDIVIDUALIDADE **14**

    Você é um ser multidimensional.................................... 14

    Não faça nada por obrigação 15

    Na sua individualidade não cabem rótulos!.................... 16

    A individualidade contrasta com a diferença................. 17

2. LIMITE.. **18**

    Fronteira do seu limite.. 18

    Dê a si mesmo consideração e valor 19

    Sim e não 19

    Cuide apenas do que lhe cabe 20

3. ALMA **22**

    Alma é ânimo, luz e vida... 22

    Perda da alma... 23

    Bom senso 23

    Sensos da alma 25

4. MENTE **26**

    Você não é a mente.. 26

    Sintonize-se com seu melhor 27

    Largue a rotina e faça coisas novas 28

    Estresse mental 29

5. CONSCIÊNCIA **31**

    O eterno agora.. 31

    O amanhã se faz com o hoje 32

    Os nove poderes da consciência 32

    Seja seu próprio guia 34

6. ETERNIDADE.. **35**

    Você é um viajante pela eternidade............................... 35

Você nunca nasceu e nunca morreu.. 36
Por sermos eternos, nada nos criou.. 37
Você é imbatível.. 38
Não adianta se suicidar 38

7. CORPO ASTRAL — 40

Plano astral e plano terreno.. 40
Você está de passagem na Terra 41
O corpo físico é uma sombra do corpo astral 41
Interferência astral.. 42

8. CAMPO ENERGÉTICO — 44

Aura 44
Chacra... 44
O poder das cores em você 46

9. CORPO FÍSICO — 48

De corpo e alma 48
Tudo acaba no corpo físico... 48
Sinta-se belo... 49
Templo sagrado... 51

10. ESPIRITUALIDADE — 53

Caminhe pelo chão da espiritualidade.. 53
Não julgue nem condene! tenha compaixão!.. 54
Espiritualidade e religião... 55

11. TRANSFORMAÇÃO — 58

Olhe os outros pelos olhos da alma.. 58
Dê a si mesmo o direito de mudar.. 58
Não se apegue, pois ninguém é de ninguém 59

12. LEGITIMIDADE — 62

Você é único e incomparável.. 62
Valorize o diferente em você... 63
Puxe o artista que está dentro de você.. 64

13. ATITUDE — 66

Atitude é tudo.. 66
Você pode desistir... 67
Humildade não é pobreza.. 67
Felicidade.. 68
Trate-se bem 69

14. INTUIÇÃO — 70

Seu lado intuitivo é seu melhor conselheiro 70
Antecipação 71
A intuição se liga ao instinto 72

15. ESPÍRITO **74**

Seu espírito é um sol central... 74
Nada é maior que você 75
O espírito não mima você! 76
Solidão 76

16. ESCOLHA **78**

Livre-arbítrio... 78
O espírito escolhe por você 78
Você escolheu nascer na Terra... 79
Você constrói seu destino 80

17. AGRESSIVIDADE **82**

Não adianta choramingar e reclamar.. 82
Raiva positiva.. 83
Extravasando a raiva com inteligência.. 84

18. RECEPTIVIDADE **86**

Acredite na sua potencialidade 86
Esteja receptivo ao seu mundo interior... 86
Diga sim para a vida.. 87
Uma receita curandeira... 88

19. SUGESTÃO **90**

Todos são sugestionados 90
Autossugestão 91
Puxe no corpo e sinta.. 91

20. PERCEPÇÃO **93**

O desperto 93
Descortinando o véu da distorção 94
Tudo depende do seu olhar 94
Bullying.. 95
Enxergue sua grandiosidade 96

21. APROPRIAÇÃO.. **98**

Aproprie-se do que faz.. 98
Força de domínio... 98
Tomada de posse de si 99
Autoestima 100

22. TEMPERAMENTO **102**

Temperamento x personalidade 102
Vislumbres do seu jeito de ser.. 103
Síndrome do pânico 104
Orientação sexual.. 105

23. FLEXIBILIDADE **106**

Flexível como a árvore 106

Flua como a água 106
Articulado 107
Humildade sim, orgulho não 108

24. INOCÊNCIA 110

Expresse seus sentimentos sem maldade 110
O retorno à inocência 111
Seja espontâneo 112

25. CONFIANÇA 114

Confiança x fé 114
Quem espera fica na esperança 115
Segurança 116

26. MEDIUNIDADE 118

A mediunidade é um talento 118
Desmistificando a mediunidade 119
Não ignore o bicho-papão 120
Todo mundo é médium 120
Antena mediúnica 121

27. ENERGIA 122

Tudo é energia! 122
Não existe vítima nem coitado 123

28. CORAGEM 125

Coragem para ser você mesmo 125
Medo 126
Liberdade não é libertinagem 127

29. SOMBRA 129

Trevas, sombra e luz 129
Sombra guardiã 130

30. INSTINTO 132

Força instintiva 132
Descarrego de estresse 133
Flua com seu instinto 133
Impulsos sexuais 134

31. PODER SUPERIOR 136

Olhe a vida com os olhos divinos 136
Seja uma testemunha 137
Confirme sua divindade 137

32. INSIGHT 139

Para tudo na vida há uma solução 139
A chave e a porta 140
Torne-se seu próprio cientista 140

33. CRIATIVIDADE **142**

Você é o criador da sua realidade 142
A criatividade assegura sua individualidade 143
Tudo é justo! 143

34. GENIALIDADE **145**

A genialidade vem do plano superior 145
O revolucionário da alma 146

35. INSPIRAÇÃO **148**

Sinta-se inspirado ao acordar pela manhã 148
Eu sou um canal para o bem 149
A alma o inspira para o mais belo e caro 150

36. PROTEÇÃO **152**

Seu melhor o protege 152
Seu melhor independe da moral e da ética 154

37. SENSAÇÃO **155**

Sensação e impressão 155
A dessensibilização cura e transforma 156

38. IMAGINAÇÃO **158**

A imaginação é uma faca de dois gumes 158
Tornando o sonho realidade 159
Imaginação e insatisfação 159
O bom uso da imaginação 160

39. INTELIGÊNCIA **162**

Inteligência ou sofrimento 162
Amor inteligente 163
Ser certinho ou ser feliz? 163

40. INTEGRIDADE **165**

Construa sua base forte 165
Preservando sua paz interior 166
A diferença entre ser honesto e ser sincero 166
Eu posso, eu quero e eu consigo 167

41. SENSUALIDADE **169**

Sensualidade x sexualidade 169
Prazer e desprazer 170
Exuberância 171
Elegância e fino trato 171

42. SEXUALIDADE **173**

Sexo e repressão sexual 173
Relação sexual com intimidade 174
Homossexualidade faz parte da natureza humana 175

43. EMOÇÃO **177**

A diferença entre emoção e sentimento 177
Está com raiva? Saia da frequência 178
O ciúme é baixa autoestima... 178
A comparação causa inveja.. 179
Não reaja! Aja! 179

44. SENTIMENTO **181**

Amor puro 181
Compaixão.. 182
Sentimentalismo... 182
Diga o que sente com sinceridade..................................... 183

45. PENSAMENTO **184**

Avalie e vigie suas crenças 184
Não pense muito! Faça acontecer! 185
Pense grande.. 186

46. MATERIALIDADE... **187**

Matéria em ação 187
O porquê de você ter nascido neste planeta...................... 187
A verdadeira evolução espiritual.. 188

47. CARISMA.. **190**

O carismático se liga em si mesmo.................................... 190
O caminho para o sucesso 191
Vendedores carismáticos... 192

48. LUZ **193**

As trevas são ausência de luz.. 193
Quem está nas trevas não vê luz....................................... 194
Luz da vida 194

49. DINAMISMO **196**

Vida é movimento ou movimento é vida?........................... 196
O que você não usa, atrofia.. 196
Os desafios o movimentam 197
O medo é um freio 198

50. UNO.. **199**

Espírito Uno 199
Você é um canal do universo...200
Tudo é possível.. 201
Rede dos poderes 201

APRESENTAÇÃO

Existe um mundo de poderes em você, porém, infelizmente, a maioria de nós absorve crenças que abafam nosso poder pessoal. Somos ensinados a respeitar os mais velhos, a tratar bem um ente querido, a ter educação, boas maneiras e consideração pelos outros, contudo, ninguém nos ensina a nos tratarmos com consideração, a darmos atenção às nossas necessidades internas, a respeitarmos nossos sentimentos e, principalmente, a sermos sinceros conosco.

Desde cedo, aprendemos que tudo o que vem de fora tem seu valor máximo e que os outros sempre devem vir em primeiro lugar. Isso faz muitos buscarem fora os tesouros da vida, contudo, aquilo que buscam para saciar a sede de existência humana está dentro de si.

A falta de autoconhecimento e empoderamento dos conteúdos internos que promovem o poder pessoal é o que gera a distorção da realidade e a dificuldade de compreendermos como o mundo interior, as pessoas e o mundo ao nosso redor funcionam.

Ora, se não me conheço e não me compreendo, como posso conhecer e compreender o outro?

A palavra "poder" vem do latim "potere", ou seja, ser capaz de poder, ter a capacidade de realizar algo ou exercer soberania e autoridade sobre alguém. No entanto, uma coisa é você ter poder sobre algum objeto ou sobre um ser vivo, outra coisa é ter poder sobre si mesmo.

Vale ressaltar que o "poder" político e o poder religioso que comandam a sociedade não têm interesse de que a humanidade tenha o conhecimento do poder existente dentro de si. Um ser desperto para o mundo interior ganha habilidade e autonomia para discernir e ponderar sobre as questões de sua vida e com isso se liberta da escravidão de poderosos que usam do ópio ideológico para dominá-lo.

As instituições religiosas, políticas e educadoras não toleram seres autônomos, indomáveis, uma vez que um ser autônomo se torna um questionador, não aceita pertencer a nada que tire sua liberdade de expressar sua originalidade no pensar, falar, sentir e fazer, que são denominadas as quatro manifestações do ser no mundo.

Os "ditos falsos profetas e donos do saber" querem afastar a pessoa do encontro consigo mesmo, afinal, se os indivíduos se conhecerem e souberem conduzir sua vida, quem precisará de um padre, pastor, político ou de uma autoridade intelectual? Esses seres indomáveis, com elevado grau de autoconhecimento e empoderamento, têm o poder sobre si mesmos e por isso sabem como lidar com as pessoas sem perderem sua autenticidade e autonomia.

Os grandes seres que passaram pelo mundo como Sidarta Gautama, Jesus Cristo, Mahavira, Zaratustra, Sócrates, entre outros, tinham um ponto que os distinguiam dos demais: eram profundos conhecedores do mundo interior e viviam à frente de seu tempo. Eles tinham consciência do grande poder que habitava dentro deles.

Todas as manifestações do pensar, falar, sentir e fazer desses seres iluminados transformavam as pessoas e o mundo por meio do nível de consciência desperto para os poderes internos.

Assim, uma vez que você se conhece e se olha com atenção e valor, semeia a força necessária para buscar sua verdadeira, autêntica voz interior e não mais se guia pela reprodução das vozes de outras pessoas. Ser um indivíduo empoderado significa se dar o poder e não se deixar dominar por mentes que o querem dominar. Enquanto não conhecer o poder que tem dentro de si, o ser humano terá uma vida sem muito sentido e sem objetivos claros.

Você é seu próprio referencial para viver com alegria, felicidade, prosperidade e harmonia no mundo. Não é conhecendo o outro que você aprende a viver bem com a família, os amigos, no trabalho e na relação afetiva. É conhecendo a si mesmo!

Quanto mais consciência de si mesmo você tiver, melhor será sua interação no mundo. Desperte para os poderes que estão em você e o mundo ganhará cor, textura, sabor diferente e uma alegria contagiante.

É importante frisar que a base deste livro é a tríade autoconhecimento, empoderamento e emancipação do seu poder pessoal no mundo. Ao conhecer os cinquenta poderes em você, além de renascer, você se tornará um ser poderoso e dono de seu destino. Definitivamente, você é seu maior tesouro!

1
INDIVIDUALIDADE

Você é um ser multidimensional

A palavra individualidade em nossa cultura é encontrada com os seguintes significados: unicidade, "conjunto de qualidades que definem um indivíduo de outro indivíduo"[1]; "propriedade de ser de um indivíduo"[2]; originalidade; ter a capacidade de escolher etc. Tudo isso realmente cabe na sua descrição, todavia, a individualidade do ser é muito mais ampla que um corpo físico, um jeito de pensar e de características e hábitos.

Na verdade, a individualidade de uma pessoa a compõe como um ser multidimensional, que vive neste mundo palpável incorporado em um corpo físico e cercado por um ambiente concreto. Simultaneamente, a pessoa ocupa as dimensões do seu corpo vital, que cuida de sua saúde — emocional e mental —, que estão ligadas às dimensões sutis e profundas da alma, da consciência e do poder superior, que a conecta com as forças divinas.

Todas essas dimensões que estão imersas no ser entregam ao indivíduo o poder material de viver aqui neste planeta e o poder espiritual de fazer suas ações no mundo ganharem o valor de inspirar sentimentos mais puros, as melhores criações, intuições e *insights* em sua vida.

---

1   Fonte: http://www.dicionarioinformal.com.br/individualidade/
2   Fonte: http://populu.net/individualidade

Quando você administra sua existência com consciência e coloca alma em tudo o que faz, impõe o verdadeiro poder da individualidade multidimensional.

Você é muito mais poderoso que o mundo superficial e aparente lhe revela e que as pessoas ignorantemente o julgam ser, pois cada palavra, gesto, sentimento e atitude que emergem de você vêm de um indivíduo intenso, amplo e profundo por ter o poder de ser multidimensional. Sendo assim, não se deixe impactar por situações difíceis, preocupações financeiras ou por pessoas negativas que se dirigem a você. Tudo isso é muito pequeno perto da essência poderosa que existe dentro de você. Desperte-se para si!

Não faça nada por obrigação

As dimensões materiais e espirituais existentes em você são tão essenciais em sua vida que tentar dividi-las e separá-las é o mesmo que destruir sua alma, que traz encanto e vida à sua individualidade. E a humanidade, em grande parte, acaba fazendo a cisão do poder material e espiritual em si.

De um lado da balança há os materialistas apegados à aparência e às coisas materiais e que por isso se fecham à espiritualidade; e do outro há os que se dizem religiosos ou espiritualistas, mas que, devido a dogmas e crenças, se privam dos prazeres materiais.

Por conta dessa divisão entre poder espiritual e material em si, o indivíduo acaba sentindo uma angústia voraz pela falta de sentido de viver. É como se a alma se separasse do corpo e sobrasse apenas um corpo oco e sem vida.

Se por um lado a pessoa concretiza as coisas materiais, por outro não sente o gosto daquilo que tem e tampouco vê sentido naquilo que faz. Como exemplo disso, pensemos naquelas pessoas que compram um carro novo e confortável, mas que, na hora de dirigi-lo, não sentem prazer em guiá-lo. Há sempre nelas uma sensação de que algo está faltando.

Para suscitar o sentido de vida e a alegria de viver, o poder da individualidade em você necessita estar em equilíbrio com as forças espirituais e materiais inatas à sua essência. Ou seja, está na hora de resgatar a alma, integrá-la ao corpo físico e trazer o brilho no olhar, o sorriso reluzente e o encantamento com a própria vida.

Estou ciente de sua necessidade de ter de trabalhar, pagar as contas, estudar, cuidar da família e de tantos outros afazeres do dia a dia, contudo, gostaria que você fizesse tudo isso com a vontade d'alma e com consciência.

Para tanto, não aceite fazer nada forçado nem por obrigação. A alma é como uma flor delicada. Se pressioná-la e forçá-la, ela se perde. É somente por meio da alegria e do prazer que a alma se manifesta. Por isso, lembre-se de que a vida é preciosa demais para você desperdiçá-la fazendo coisas que não lhe agrada.

Na sua individualidade não cabem rótulos!

Você não é apenas um indivíduo que possui uma identidade, um RG, um número, e que é definido pelos papéis sociais que desempenha. É claro que ao longo da vida acabamos assumindo vários papéis, como de filho, pai, mãe, avô, neto, médico, advogado, cristão, budista, progressista, conservador etc.

Além desses papéis, ainda nos atribuem classificações pejorativas como "*nerd* que entende de computação", "cdf que vai bem na escola", "patricinha", maconheiro, desastrado, tímido e por aí vai. E todos esses estigmas acabam nos reduzindo àquilo que julgamos ser.

O cristão vive na bolha do cristão, e o budista vive na bolha do budista. Com isso, as possibilidades de adquirirmos outros modos de ser, de desenvolver nossa individualidade multifacetada e expandir dons e talentos acabam sendo limitadas. O modo como nos denominamos, a forma como os outros nos julgam, a profissão que desempenhamos e as ideologias em que acreditamos, nada disso nos mostra o que somos.

Lembre-se de que os papéis e nomes que carregamos nesta vida são apenas instrumentos utilizados para o desenvolvimento de nossa individualidade, mas não representam quem somos de fato e muito menos nos revela a amplitude, unicidade e plasticidade do poder de nossa individualidade.

Vale dizer que os papéis e rótulos que recebemos nos enrijecem para nos encaixarmos no coletivo de nossa sociedade e, com isso, reduzem-se as possibilidades de colocarmos para fora nossa verdadeira legitimidade, autenticidade e espontaneidade. Somos seres imprevisíveis, plásticos e mutáveis. Mudamos de humor de uma hora para outra e nos adaptamos às mais diversas situações.

Então, a partir de agora quando alguém o chamar de burro, feio, preguiçoso ou de qualquer nomenclatura reducionista, não aceite isso. Você é muito mais do que imagina ser. Não aceite rótulos!

A individualidade contrasta com a diferença

Por meio da unicidade, cada ser no ecossistema de nossa natureza ganha seu destaque e energia viva. Deste modo, a individualidade reflete a diferença de cada ser vivo no planeta.

Sim, você é diferente de outras pessoas, tanto na aparência, como no jeito de ser. Mesmo porque, se todos os seres fossem exatamente iguais, como robôs fabricados em série, não haveria contraste e ninguém poderia se reconhecer.

O fato de existir as cores verde, vermelho, laranja é o que dá o destaque para o branco, o magenta ou para qualquer outra cor. O mesmo acontece com o poder da individualidade, que traz o contraste e faz cada indivíduo ser único e original. Por isso, assumir suas diferenças como indivíduo é caminhar de mãos dadas com sua natureza interior.

A natureza rejeita o que é igual. A clonagem de ovelhas, já experimentada por cientistas, evidenciou essa rejeição, quando os animais clonados manifestaram anomalias e logo depois faleceram. Quando o ser humano tenta se tornar outra pessoa, como, por exemplo, uma menina que deseja ficar igual ao seu ídolo ou o filho que incorpora o jeito do pai, essas pessoas acabam perdendo sua originalidade e espontaneidade. Não estou me referindo à inspiração. Inspirar-se em pessoas que admiramos nos eleva e engrandece, contudo, querer ser exatamente igual ao outro não é nada saudável.

Tanto a menina quanto o menino estão indo contra a própria natureza, desenvolvendo, assim, algumas anomalias psicológicas e comportamentais, como o experimento da ovelha causou ao plano biológico.

Para trazer de volta o equilíbrio psicológico e emocional, a menina e o menino necessitam se descolar do jeito do ídolo e do pai, a fim de assumirem o próprio jeito autêntico de ser. Valorize suas diferenças! Quanto mais diferente você for, mais saudável, forte e feliz será.

Quanto mais diferente e autêntico você for, mais brilhará e se destacará na multidão!

2
LIMITE

Fronteira do seu SER

A pele que envolve sua individualidade representa o limite entre seu mundo e o mundo externo, sendo ela uma espécie de fronteira do seu ser. Para facilitar sua vida, vou colocar a coisa desta maneira: o que está dentro de sua pele é seu e o que está fora da pele não é, ou seja, pertence ao mundo. Respeitar esse limite da pele o faz ponderar, saber administrar quando algo é seu e quando não é. Deste modo, você se torna hábil em colocar seus pensamentos e sentimentos em ordem.

Vale dizer que a falta desse senso de limite causa muitas confusões, encrencas e mal-entendidos nas relações humanas, e, quando essas invasões acontecem, a impressão que fica é a de que a pele que estabelece o limite não existe.

Diante disso, ponha cada coisa dentro do seu limite para que tudo fique organizado e limpo. É responsabilidade sua administrar as crenças que você absorve, os pensamentos, as emoções, os sentimentos e as atitudes que manifesta no mundo de forma a respeitar seu próprio limite e, assim, alcançar seu equilíbrio. Afinal, esses manifestadores fazem parte do seu mundo interno e, portanto, estão dentro do perímetro que faz parte do seu limite.

E, no que diz respeito ao que os outros pensam, sentem, falam e fazem por estarem fora de sua pele, são eles que se responsabilizam por cuidar de seus próprios limites. O limite se faz presente quando cada um cuida do que é seu. Portanto, a coisa funciona assim: o que é seu é seu; o que é do outro é do outro.

Dê a si mesmo consideração e valor

As pessoas vivem presas como se fossem escravas da opinião dos outros e têm necessidade de receber atenção, consideração, apoio, afeição e respeito do outro para que se sintam melhores. Quando não são consideradas e respeitadas, as pessoas sentem-se ignoradas, rejeitadas e ofendidas.

Se seu mundo interior é onde está o perímetro do limite de sua pele, não é o outro que tem de saciar suas carências emocionais; é você quem precisa preencher seu vazio apoiando-se, valorizando-se etc., e, da mesma maneira, o outro também tem a responsabilidade de zelar por si mesmo.

Quando você espera do outro qualquer tipo de reconhecimento e se sente mal ao não ser correspondido, há nesta ação um grande desrespeito ao seu próprio limite, o que acaba destruindo sua paz e seu equilíbrio. Se por um lado você fica angustiado e decepcionado com o fato de as pessoas não o apoiarem e valorizarem, por outro, você sente uma ansiedade cortante por ficar esperando do outro atenção e reconhecimento. Assim, sua vida vira um inferno quando você desrespeita seu limite e deixa de cuidar de seus sentimentos.

Por outro lado, quando você respeita o seu limite e se autoafirma, cessam-se as cobranças nas relações. Uma vez que me reconheço como uma pessoa maravilhosa, não faz mais sentido eu exigir que o outro afirme esse reconhecimento.

Largue a escravidão de mendigar e depender emocionalmente dos outros e seja livre para preencher seu vazio interior com os sentimentos mais elevados a seu respeito. Sua autoestima agradece!

Sim e não

Quando falamos de limites, é inevitável citarmos duas palavras: *sim* e *não*. Essas duas monossílabas não promovem apenas uma ideia de aceitação e negação, mas englobam também a ação que essas palavras produzem em todos os âmbitos de nossa vida.

As oportunidades que a vida nos traz dependem do modo como administramos nossos *sins* e *nãos*. Um sim ou um não mal falado pode por tudo a perder. E, quando percebermos o que fizemos, pode ser tarde demais.

O *sim* e o *não* possuem uma carga de intensidade tão forte e profunda, que, pelo modo que as utilizamos, estabelecemos os limites de nossa vida. Uma pessoa, por exemplo, que acredita que não nasceu para ser feliz, se sabota a tal ponto que, todas as vezes em que a felicidade está perto de acontecer, algo a impede de ser feliz. Já aquele que diz sim, está aberto à felicidade. Assim, com o *sim* e o *não* nós colocamos nossos limites.

Por esse motivo, saber usar essas duas pequenas palavras com sabedoria e franqueza — e não de maneira a desperdiçar as boas oportunidades, como muitos o fazem — que se é fundamental para manter o equilíbrio. Um bom exemplo do péssimo uso do sim e não se dá pela inversão, como quando alguém quer dizer sim quando queria dizer não e diz não quando queria dizer sim.

Mas veja bem! Usar essas palavras com inteligência e sabedoria não é ser induzido pelos outros a aceitar tal oportunidade nem se apegar às ideias da cabeça, que nada mais são do que formas-pensamento aprendidas. Quem age assim ora está sendo impulsionado pelo orgulho, ora pelo medo.

O segredo de usufruir com inteligência do sim e do não vem da alma, pois é nela que reside o sensor que nos ajuda a determinar a hora de dizer sim e não. É muito simples distinguir quando alguém profere essas palavras de maneira inconsequente e quando as profere seguindo a alma.

O indivíduo experimenta no peito uma vontade da alma, uma sensação forte de calor e aconchego de fazer algo que lhe dar prazer. Por isso, se a partir de hoje a vontade que bater em seu peito for de dizer não, diga não. E se for de dizer sim, diga sim. Confie piamente nesse sensor, pois a alma nunca erra.

Cuide apenas do que lhe cabe

Muitas pessoas perdem completamente a noção de limite quando se metem na vida dos outros, carregam seus problemas ou quando ainda emprestam dinheiro e pagam as contas de terceiros. De um lado, há o controlador, que quer controlar a vida dos outros, e, do outro, há o controlado, que se submete a fazer coisas pelos outros para agradá-los. Enquanto isso, o mundo interior de ambos se encontra abandonado e as necessidades internas dessas pessoas vão sendo negligenciadas. E é justamente por causa da falta de responsabilidade de cuidar de si mesmo que surgem os controladores e os controlados.

No momento em que a pessoa se volta para si, reconhece o autoabandono e passa a zelar pelas próprias necessidades, automaticamente, o controlador para de se meter na vida dos outros e o controlado, por sua vez, deixa de querer resolver os problemas alheios.

E por que isso acontece? Porque o mundo interior está tão desorganizado, bagunçado e sujo devido ao autoabandono, que a pessoa necessita voltar-se para si integralmente para organizar e limpar o mundo interno. Assim, não sobra tempo a esse indivíduo para ver que o vizinho ao lado está com sua casa inundada pelo esgoto que estourou.

Existe uma lei que é inquebrável: ou você escolhe ficar do seu lado cuidando de si, ou escolhe cuidar dos outros. Não dá para ter os dois. No caso de você querer ajudar alguém, sentindo vontade de realmente fazer o bem a essa pessoa, é sinal de que você está agindo com a alma e não com a cabeça.

Então, na verdade, ajudar o outro é algo que lhe faz bem. Quando você segue a alma, respeita o limite por cuidar apenas do que lhe cabe e, simultaneamente, carrega o peso que pode suportar, evitará, assim, muito sofrimento.

3
ALMA

Alma é ânimo, luz e vida

Alma deriva do latim *animu* (ou anima), que significa ânimo e entusiasmo de viver. Ânimo este que, na alegria e no prazer de viver, emana uma luz que revela e direciona suas ações e orienta os caminhos que se abrem em sua vida. No escuro, você caminha nas trevas da perturbação, da insegurança e da desorientação e, por não enxergar nada com clareza e nitidez, sem a luz da alma, pode vir a cair numa armadilha sem perceber.

Por ser luz, a alma é a representante do espírito aqui na Terra. O mesmo espírito que compõe o indivíduo como um ser dotado de uma consciência que se expande, que o integra à existência do universo e lhe dá a oportunidade de se desenvolver individualmente e usufruir de todas as suas conquistas terrenas.

Vale mencionar que da luz nasce a vida e da luz a vida se sustenta, se organiza e se regenera. Do mesmo jeito que a luz do sol traz vida ao nosso ecossistema, a alma traz vida ao corpo físico, para que, assim, o indivíduo possa viver sua realidade. Vale frisar que, sem a luz, todos os seres de nossa natureza morreriam.

A pessoa desanimada, que vive nas trevas e se sente morta por dentro é intitulada de desalmada. O ser sem alma é vazio por dentro, como se nele existisse um buraco negro no peito que lhe suga e destrói qualquer alegria e entusiasmo de viver.

A vida do desalmado é cinzenta, opaca, sem gosto, sem cheiro e sem qualquer beleza, o que é absolutamente o contrário do depressivo, que se deprime e se entristece e, deste modo, vai apertando, abafando e arrancando a própria alma até chegar ao ponto de o ânimo, a luz e a vida se esvaírem.

Por isso o depressivo enxerga a vida de forma incolor, inodora e insípida, pois é da alma que o ânimo resplandece, a luz ilumina a escuridão e a vida ganha cor, sabor e fragrância. Sem a alma, a vida não tem sentido nem graça.

Perda da alma

Uma vez que a alma traz leveza, ternura, calor, preenchimento e conforto ao peito do indivíduo, quando ele se sente angustiado, pesado e com a impressão de que tem um buraco vazio no peito é sinal de que perdeu a alma. Sim, a alma pode ser perdida em parte ou até por completo, e tudo depende do modo como as pessoas lidam com os impactos da vida.

Acidentes, cirurgias, traumas psíquicos, violações físicas e psicológicas, brigas, rejeições, violência e depressão são maneiras fortes de a vida se expressar e faz com que a grande maioria acabe sofrendo graves sequelas a ponto de perder a vontade de viver.

Nossa alma é intensa, profunda e poderosa, mas é também delicada como uma flor. Ou seja, se a apertamos, machucamos e pressionamos, a alma espana. Ela precisa ser tratada com a proteção de um Eu consciente, ou seja, necessita que você esteja atento e vigilante para não se deixar afetar por coisas ruins e não se dar o luxo de perder o ânimo de viver e, por assim dizer, a alma.

Sei que em nossa existência vivenciamos eventos que podem mexer de tal maneira conosco que acabamos perdendo nosso equilíbrio e confiança de que as coisas vão dar certo, no entanto, não é só o otimismo e a alegria de viver que se esvaem; algo mais precioso se perde com o impacto de exagerar e dramatizar uma situação. Eu me refiro à alma que se perde.

Por mais doloroso que seja o momento que esteja vivendo, não piore ainda mais a situação dando importância a um fato negativo. Não dar crédito e enfatizar a situação ruim dará abrigo e protegerá sua alma durante a tempestade. Lembre-se de que toda tempestade é passageira, mas a perda da alma pode durar encarnações. Proteja sua alma, pois ela é seu grande tesouro!

Bom senso

Quando as ações promovem o bem e criam soluções para as pessoas viverem melhor com a sociedade e com a natureza, isso mostra que o bom senso entrou em ação. Os grandes feitos da humanidade foram realizados por homens e mulheres que colocavam a alma e não a razão nas coisas. Culturalmente, as pessoas colocam a razão como a força de autoridade maior nas escolhas e decisões.

Muitos dizem "você precisa ser racional e não seguir o coração", mas eu digo que é justamente o contrário. Quanto mais você seguir o coração-alma e não a cabeça-razão, maior será seu discernimento e ponderação sobre uma situação.

Já houve milhares de casos de pessoas que seguiram a razão e cometeram atos terríveis contra a humanidade, pois a razão se baseia na moral de uma sociedade, que segue normas e parâmetros do que é certo e errado, do que é bom e mau. Isso nos remete ao nazismo, prova do não uso do bom senso em detrimento do uso de uma razão pura, fria, desmedida e desenfreada, baseada na crença de que raças consideradas inferiores à raça ariana deveriam ser exterminadas (Holocausto). Neste caso, não houve o uso da razão guiada pelo bom senso.

O bom senso deriva da ética em seguir a própria alma, que se abre para o bem do ser individual e se expande para o bem do coletivo. Ou seja, quando a alma entra em ação, ela age para o bem de todos, pois seus atos são movidos em prol da união, harmonia e compaixão.

Exemplo de seres humanos que usaram o bom senso são os revolucionários de alma que, positivamente, transformaram o mundo. No âmbito da interioridade, temos o Buda Sidarta Gautama, que, corajosamente, foi o primeiro a nos mostrar a viagem ao mundo interior por meio da meditação.

No âmbito da exterioridade, temos os "Google Guys" Larry Page e Sergey Brin, que criaram uma empresa multinacional de serviços *on-line* e *softwares*, cuja missão é organizar a informação mundial e torná-la acessível à população.

Ambos, por meio do uso do bom senso da alma, trouxeram uma nova dimensão para o planeta, transformando o modo como o ser humano passa a se conhecer e a se relacionar com o mundo. Enquanto a razão se prende à mediocridade, o bom senso é capaz de feitos revolucionários e extraordinários.

Para fechar essa parte, vou dividir duas frases preenchidas de bom senso e que me guiaram na produção deste livro: Tudo que a alma toca vira ouro e tudo que o senso da alma toca revoluciona.

Siga os sensos da alma! Você irá se surpreender e se maravilhar com seus feitos.

Sensos da alma

Assim como sem luz você estaria vivendo às cegas, sem os sensos da alma você viveria desorientado, perdido e desalinhado consigo e com sua realidade. O bom senso citado no artigo anterior foi apenas uma fatia do bolo, porque para cada âmbito de sua vida há um senso que o orienta a se manter em equilíbrio sobre o que se designa a fazer.

Então, eu lhe pergunto: O que você almeja? Autoestima? Há o senso de adequação que incita o apreço por sua aparência e por suas qualidades internas, ou seja, nesse senso a alma o faz sentir--se encaixado em si mesmo e na vida que você leva.

Deseja ter saúde? O senso de integridade vai moldar suas ações para o cuidado de sua saúde mental, emocional e física. Deseja ter riqueza material? Você tem o senso de valoração, que o faz perceber o valor de suas ações e da vida ao redor. Ao pensar em dinheiro, que representa no papel o valor de um trabalho, transfere-se a você o autovalor para atrair dinheiro.

Em outras palavras, uma pessoa rica é um indivíduo que se valoriza. Quer ser mais alto-astral e de bem com a vida? Tenha o senso de humor que lhe traga graça e leveza de enxergar a vida com humor.

Existem outros sensos da alma que eu poderia destacar, mas o importante a ser revelado é que, se algum aspecto de sua vida estiver em desequilíbrio e minguado, é sinal de que você está se apoiando e sendo orientando por crenças, dogmas e normas que o distanciam do contato com sua alma, ou seja, você está se ligando ao que está fora, não dentro de você.

Corte a conexão dos fios que o ligam aos falsos orientadores e conecte seu fio à sua alma se ligando em você mesmo. Enquanto a alma é o mapa para os tesouros que você almeja, os sensos que vêm dela são os caminhos que levam aos anseios.

4
MENTE

Você não é a mente

As pessoas acreditam que a mente se encontra dentro do ser, contudo, ela não está dentro, mas sim na periferia. A alma está fora de você e no seu entorno, captando tudo ao seu redor. Isso significa que você não é a mente e nem poderia ser, pois a mente é apenas um aparelho.

As pessoas acham que a mente tem função central na vida do ser, supervalorizam seu poder e colocam-na como força de decisão e controle na vida da pessoa. Mesmo que existam indivíduos fracos e vulneráveis, que se deixam ser invadidos e controlados por crenças e dogmas gravados na memória, como se fosse um livro sagrado particular que comanda seus hábitos e suas atitudes, ainda assim, foi o mestre — que é você — quem deu poder ao servo.

Por isso, vamos esclarecer algo. Não é a mente que decide e controla sua vida, mas sua consciência, que usa a mente para se comunicar e expressar suas escolhas, vontades e decisões. O corpo mental é apenas o mensageiro a mando da consciência. Se fizéssemos uma analogia entre mente e consciência como se ambas fossem um carro, a mente seria um automóvel italiano da marca Masserati, superveloz e potente, mas que depende do piloto, ou seja, da consciência, do seu Eu consciente, para atingir seu potencial máximo.

Assim como o piloto pode decidir ligar e desligar o carro, sua consciência pode decidir ligar e desligar da mente, como, por exemplo, sair da dimensão mental e adentrar a dimensão do sentir da alma.

Seu Eu consciente pode aprender a dominar o aparelho mental, exercitando o autodomínio a fim de desligá-lo quando alguém estiver despejando negatividade e maldade sobre você. E como isso acontece? Existe uma técnica muito eficaz.

Você conhece a tecla *mute* do aparelho de TV? Você pode apertar sua tecla *mute*, quando uma pessoa tóxica se aproximar para fazer fofocas, intrigas e destilar veneno. Você sentirá a magia dessa tecla, quando olhar para a "criatura" e não ouvir nada do que ela está dizendo. Só verá uma boca emudecida se mexendo. E saiba também que poderá desativar a tecla *mute* para ouvir e falar coisas boas sobre a vida.

Ademais, não se esqueça de que você é o dono de sua morada interior e não a mente que mente! Aprenda a dominá-la!

Sintonize-se com o seu melhor

Como a mente é um instrumento a serviço da consciência, ela sintoniza aquilo em que sua consciência pôr atenção e foco. Assim como um rádio, a mente sintonizará qualquer situação que a consciência demandar. Imagine que sua mente é como uma antena, que capta as vibrações e os sinais daquilo que você sintonizar.

Do mesmo jeito que uma pessoa que gosta de ouvir *rock and roll* sintoniza uma estação que toca *rock*, que quem gosta de música clássica sintoniza uma estação que só toca música clássica, a antena mental faz a mesma coisa. Aquilo com que você sintonizar será sua estação. Quem sintoniza com o mal, com o sofrimento, com a miséria, com a falta e com a dificuldade atrai pessoas e situações afins àquilo com que sintonizou.

Mas não se alarde, pois o processo de sintonia é bastante simples, e você poderá reconhecer os sinais que revelam com que sua antena mental está sintonizando neste instante.

Observe agora como está sua vida. Você está vivendo na paz ou no tormento? Na tranquilidade ou na preocupação? Na fartura ou na falta? Seja para qual lado da balança você pender, saiba que isso está diretamente ligado ao modo como você direciona sua antena mental.

Sabe aquele momento em que alguém faz uma intriga ou fala mal de alguém, e você ouve com atenção e ainda se impressiona com o que a pessoa fala? Ou quando pipocam em sua mente pensamentos pessimistas e derrotistas, e você dá tanta importância a eles a ponto de passar mal? É exatamente assim que você sintoniza sua antena com o mal.

A questão fundamental se baseia não no que os outros trazem de maldade e negatividade, mas sim na sua responsabilidade para se disciplinar com o que sua antena mental sintoniza. De modo direto, eu digo que os outros não são o problema em sua vida, pois é você quem sintoniza sua antena e dá ouvido e força à maldade e negatividade alheia. Está em suas mãos o poder da mente.

Discipline-se para sintonizar sua mente com coisas e pessoas que o elevem e proporcionem bem-estar.

Largue a rotina e faça coisas novas

Você come no mesmo restaurante, senta-se na mesma cadeira, come a mesma comida, faz o mesmo caminho para o trabalho, fala com as mesmas pessoas, reclama das mesmas coisas etc.? Se a respostá é sim, além de estar apegado ao passado, você tem vivido em um estado zumbi de dormência e morbidez estagnada. Não transforme sua vida em uma rotina pesada repetindo as mesmas coisas todos os dias.

Ao viver em um estado de repetição, você apaga a alma, que é uma aventureira inata e adora fazer coisas diferentes. A rotina excessiva leva ao marasmo e ao desânimo, e a alma se vai.

Para quebrar esse gancho com o passado e se abrir para um presente marcado pelo entusiasmo e pela motivação de viver, não tenha medo de experimentar coisas novas. Coma em outro restaurante, alimente-se com uma comida diferente, sente-se em outra cadeira, mude o caminho para o trabalho, conheça outras pessoas, converse sobre assuntos diferentes e, por favor, pare de reclamar do passado, aceitando que este já passou e virando a página de vez.

Ao quebrar a rotina fazendo as coisas de um modo diferente, você perceberá que no lugar do medo de mudar, do tédio e do desânimo oriundos da rotina, emergirão coragem e ânimo de viver o novo, e isso irá revigorá-lo.

Quebrar a rotina pode até deixar perdida e em parafuso a mente apegada ao passado, mas sua alma vai adorar. Inclusive ela vai se perguntar: "Por que não fiz isso antes?!". Pequenas mudanças realizam grandes transformações em sua vida.

Estresse mental

De acordo com a psicologia e a psiquiatria, o mal do século é o estresse, que é gerado pela percepção de estímulos que provocam excitação emocional e alterações fisiológicas devido ao desequilíbrio hormonal.

Até aqui caminhamos na periferia do estresse, mas ele não se centraliza nos estímulos que vêm de fora, mas nos estímulos próprios do ser humano. Ou seja, o mundo exterior pode estar imerso no caos e em uma barulheira infernal, porém, se o mundo interior da pessoa estiver em sintonia com a paz, ela não será impactada pelo caos nem será influenciada pela inquietação que vem de fora.

Entretanto, se na cabeça do indivíduo houver um congestionamento de pensamentos ligados à culpa, cobrança e preocupação, a pessoa não terá um minuto de paz e nem na hora de dormir terá sossego com toda essa inquietação e esse tormento.

É daí que surge o estresse. Não se iluda, então, achando que uma vida estressante acontece com quem possui uma vida agitada por ter de trabalhar de dia, estudar à noite e ainda cuidar da família. Preste atenção! O problema não está no trabalho, no estudo, na família ou em qualquer situação externa, mas no modo como o indivíduo lida com as questões diárias.

No instante em que você se livrar de tudo o que o perturba e deixar a mente vazia, sua paz quebrará o padrão mental que promove o estresse. Há uma inversão na frase: "Mente vazia, oficina do diabo". Sendo sincero com você, eu replico: mente cheia e inquieta é oficina do demônio; mente vazia é um espaço tomado pelas forças divinas. Uma mente vazia encontra o silêncio para não ficar pensando besteira e consegue focar com propriedade nas coisas que necessita fazer.

Tudo está dentro de você e no modo como seu Eu consciente lida com as formas-pensamento que rondam sua mente, com as emoções que vibram em seu corpo, com as situações e pessoas que você precisa enfrentar no seu dia a dia. Quer saber a raiz do estresse, que alimenta a culpa, a preocupação e a cobrança que se ancoram dentro de você? É o medo de que algo ruim acontecerá.

É por conta do medo que você se coloca em estado de alerta e cria o estresse. Não se engane! Você é o responsável por todos os causadores de estresse em sua vida.

Então, está em suas mãos criar uma disciplina a fim de desestressar. Como? Desligue-se da mente por alguns momentos. Tire o aparelho mental da tomada e plugue seu fio no sentir da alma.

Seu estresse é reflexo do fato de você, além de não sair da mente, não sentir e usufruir a vida e as pessoas ao seu redor. Não leve a vida tão a sério. Brinque mais consigo. Saia do estado de alerta e relaxe!

5
CONSCIÊNCIA

O eterno agora

A consciência é sua janela para o real e para o momento presente. Sua existência está fundada no hoje. Aonde quer que você vá, seja para fazer uma caminhada pela manhã, trabalhar, viajar ou até morar em outro país, sua consciência estará presente em todas as suas ações. Tudo o que seus olhos veem passa por sua consciência.

À luz da consciência, não existe passado nem futuro, só o presente. Sim, você pode reviver uma lembrança do que ficou para trás ou antever o amanhã, mas mesmo assim suas ações ainda acontecerão no momento presente.

Na verdade, o passado e futuro são ilusões, pois você está sempre vivendo no "agora". O que existe de fato é apenas a ação que ocorre agora. Isto é, você só pode agir no aqui e agora, nunca antes nem depois.

Aquele que vive apegado ao passado ou ao futuro está desalinhado com a existência, que se encontra no momento presente. Ao se desenroscar dos ganchos do passado, instantaneamente, o indivíduo deixa de se apegar ao futuro. Isso acontece porque o passado precisa do futuro para existir e vice-versa. Já o momento presente você jamais conseguirá anular, pois ele independe do passado e do futuro por ser um eterno agora. Destruir o presente é o mesmo que desaparecer da existência, e isso não é possível.

Enquanto a vida é temporal e finita para o corpo físico e para a mente, para a consciência a vida é atemporal por ser eterna. Logo, sua vida é uma sucessão de um eterno agora ininterrupto.

Quando você está desalinhado com a realidade e se mantém preso ao passado já vivido ou apegado ao futuro que ainda está por vir, as coisas boas que almeja não conseguem fluir e não são realizadas em sua vida.

Coisas como paz, harmonia, saúde e felicidade são atributos e qualidades que necessitam do seu alinhamento com o presente, portanto, dependem de você sair da ansiedade do futuro e da angústia do passado, que nublam e turvam seu bem-estar.

No momento que você se desvencilhar de ambos, seu presente vai deslanchar rumo ao melhor que a vida pode lhe reservar. O eterno agora é a porta por onde passa a abundância e a prosperidade.

O amanhã se faz com o hoje

É só no hoje que você pode trabalhar seus projetos e anseios da alma. Planejar o amanhã ou ter visões de um futuro glorioso só vai funcionar se você trabalhar colocando tijolo por tijolo na construção de sua realização, tendo estratégia, foco, metas e objetivos. Ficar parado esperando que as coisas se ajeitem não vai funcionar. Você precisa agir no hoje, precisa agir já.

Ah, já sei! Você é do tipo que diz: "Um dia serei feliz, um dia serei rico e um dia terei minha paz". Se esse é seu caso, então, aquilo que você quer nunca chegará, sempre ficará para um dia. Seu momento é este.

Sua vida é agora. Não espere para agir. Não diga que esta não é a minha hora e tampouco que não está preparado. Não espere as coisas e as pessoas melhorarem para começar seu sonho. Comece neste instante.

Ao fazer um hoje produtivo e feliz, você colherá um amanhã repleto de realizações e felicidades. E não se esqueça de que seu amanhã se faz com o hoje. Por isso, plante agora boas sementes para colher bons frutos.

Os nove poderes da consciência

Os nove poderes da consciência são formas de manifestação que acontecem no momento presente. Neste momento, você tem em suas mãos nove poderes para transformar sua vida, contudo, tê-los é uma coisa, mas usá-los é outra. Por isso, tenha coragem, torne-se dono de si e assuma as rédeas de sua vida, usando os nove poderes da consciência a seu favor.

Ao contrário do que algumas religiões pregam — de que os outros vêm em primeiro lugar —, os nove poderes da consciência existem para que você os use exclusivamente em si, pois o outro também tem os nove poderes da consciência, então, não precisa dos seus.

Deste modo, fique atento em que você está investindo seus poderes e sinta se eles realmente estão sendo investidos no desenvolvimento de seus talentos, na sua potencialidade interna e no fortalecimento das deficiências em prol do equilíbrio emocional, afetivo e financeiro. Você é seu próprio mestre!

Atenção: seleção que a consciência faz pelo nível de importância que dá à determinada coisa. Incluem-se aqui concentração, foco e interesse.

Vontade: força interior do querer movida pelas sensações físicas (libido e os cinco sentidos), emocionais e espirituais, como os anseios da alma.

Percepção: a capacidade de enxergar o mundo real e aquilo que está além do que os olhos veem (sexto sentido). Faculdade de perceber os sentidos e as sensações do corpo. É por meio dela que se forma a subjetividade.

Orientação: lucidez para dirigir suas percepções ao que precisa ser observado, guiado e investigado. Capacidade de orientar-se no ir e vir. Capacidade de se guiar pelo movimento corpóreo e pelos cinco sentidos, que são visão, olfato, paladar, tato e audição.

Iniciativa: capacidade de se lançar ao desconhecido, de arriscar, de seguir a vontade interior e realizar seus intentos.

Escolha: seu livre-arbítrio. Capacidade de manifestar a liberdade interior de ser algo, de fazer coisas e estar em algum lugar.

Decisão: habilidade de seguir sua vontade e seu julgamento, ouvir sua voz interior e tomar posse do que é seu. Inclui também o ato de escolher e renunciar a algo.

Reflexão: capacidade de elaborar conteúdos da memória e organizar formas-pensamento.

Tomada de posse: capacidade de se apropriar do que é seu, assumir as próprias ações e seu espaço físico.

Seja seu próprio guia

A grande maioria das pessoas neste planeta não conhece o poder que há dentro delas. Você, provavelmente, não conhece o poder que há dentro de si e por isso vem buscando suas respostas fora, quando na verdade elas estão dentro de você. O olhar do ser humano está sempre voltado para fora e para os outros, não para dentro de si mesmo.

As pessoas buscam o apoio espiritual, emocional e material nos pais, no pastor, no padre, no guru, no político, em santos, no livro sagrado, na religião e até no seu Deus. Sim, esses apoiadores são funcionais, mas só até a segunda página.

Tornar-se dependente e apegado a um apoiador no mundo externo não é nada inteligente. Por exemplo, você pode caminhar com alguém e, quando cair, é possível que essa pessoa o ajude a levantar-se, porém, um dia, este que o ajudou pode não estar mais ao seu lado. Por isso, você precisa aprender a levantar-se sozinho e apoiar-se.

As pessoas mostram-se absolutamente cegas. O ser humano vive numa favela, tendo potencial para ser bilionário. Acumula tristeza quando tem tudo para ser feliz. Sente-se imperfeito quando é a mais pura perfeição da existência. Vive em sofrimento tendo potencial para usar sua inteligência para não sofrer mais. Usa a religião, os terapeutas e as pessoas como guias nas orientações, escolhas e decisões, quando na verdade tem nove poderes da consciência que lhe possibilitam ser seu próprio guia e orientador. Acorde para o seu poder interior e tome posse de si.

O mundo externo é apenas um lugar para pôr em prática e desenvolver os nove poderes da consciência. Você só necessita confiar em si mesmo e se tornar seu próprio guia por meio dos nove poderes da consciência.

Jogue-se no seu abismo interior e acredite que sua alma vai ampará-lo na queda e que sua consciência vai guiá-lo pelo caminho.

6
ETERNIDADE

Você é um viajante pela eternidade

Aqui na Terra, pelo fato de a consciência e a alma habitarem um corpo físico que surge e se desenvolve na barriga e que em algum momento virá a falecer, efetivamente é passada a impressão de que há na vida do ser um começo e um fim.

No entanto, quero que você abra sua mente e entenda que esse movimento de nascimento e morte não é um processo fechado, fixo e terminável. Sua vida na Terra constitui-se na abertura de um novo ciclo até o fechamento de um ciclo, que acontece com a morte de seu corpo físico. Quero dizer "morte", pois até para o corpo físico se abre um novo ciclo quando suas substâncias salina, mercurial e sulfúrica se integram à natureza à qual sempre pertenceu.

Assim como o corpo retorna para sua morada, você também retorna para sua morada no plano astral, o que inicia um novo ciclo em sua vida. Desta vez, no entanto, você se apresenta incorporado em um corpo astral.

Sua existência na Terra é apenas o marco de um ciclo de vida. Acredite ou não, antes mesmo de você encarnar neste planeta, sua consciência já testemunhou a experiência de viver em infinitos corpos, essências, formas, texturas, aparências, funcionalidades e modos de ser por meio dos incontáveis ciclos que se abriram e se fecharam nas mais diversas dimensões do infinito universo.

Isso significa que esta vida terrena não foi a primeira nem será a última que você experimentará. Desta maneira, a melhor definição cabível é a de que você é um viajante pela eternidade, que experiencia inúmeros ciclos de vida. Hoje, sua consciência está apenas experimentando uma gota d'água do oceano de sua eternidade.

Você nunca nasceu e nunca morreu

Pela luz da eternidade o ser humano nunca nasceu e nunca vai morrer, porque sempre existiu. Não teria sentido haver a eternidade se existisse um início e um fim. Na visão da espiritualidade integrada à eternidade, você passou por infinitas vidas passadas e, também viverá infinitas vidas que estão por vir. É, eu sei, a vida eterna é uma loucura.

Entretanto, culturalmente falando, a eternidade sempre esteve ligada à ideia do divino, do sobrenatural e do místico e em algumas religiões tem-se a ideia de um deus eterno. No cristianismo, por exemplo, o cristão refere-se a Deus como Pai-Eterno.

De qualquer modo, a eternidade é apresentada ausentando o ser humano de ser eterno também. Até entendo que em nossa sociedade as instituições de poder — em especial as instituições religiosas — não querem dar tanto poder ao ser humano, afinal, ao afirmarem que são eternos, elas igualam os seres humanos a Deus.

E isso é péssimo para os negócios, pois um ser humano que se conscientiza de que é eterno adentra uma nova dimensão, gerando em si uma nova energia. Dimensão esta que o torna tão poderoso e indomável, comparado às crenças que o reduzem ao ser diminuído, fraco e mortal frente a um Deus gigante, poderoso e intocável. Pense assim: se você se torna eterno, poderoso, forte e indomável, o que será dos pastores, padres, rabinos e profetas? Não teriam função nenhuma.

Tendo em vista o propósito desta obra, que é despertar o autoconhecimento, o empoderamento e a emancipação dos poderes existentes dentro de você, gostaria que, a partir deste momento, se abrisse para o poder da eternidade em você e compreendesse que, uma vez que não existe um fim em sua vida também não pode haver um começo. Você é, então, um viajante pela eternidade.

Imagino que o ângulo de visão da eternidade possa dar uma espécie de nó em sua consciência, mas não se preocupe. Sendo sua essência eterna, naturalmente seu ser interior se aclimatizará e se acomodará à ideia de existir para sempre. Por quê? Porque a sua natureza pertence à eternidade.

Por sermos eternos, nada nos criou

O conhecimento da eternidade nos revela que nunca nascemos e nunca vamos morrer, porque sempre existimos. Uma vez que estamos nos transformando a cada eterno agora já vivido, torna-se inevitável a seguinte pergunta: como um deus ou uma força superior pode nos ter criado se somos eternos?

Ora, se alguém nos criou fazendo nossa essência, nossa alma, nossa consciência e nosso corpo fisiológico, pode também nos fazer desaparecer movido pela ira ou pelo ciúme de termos sido infiéis e desobedientes a algum tipo de mandamento ou dogma.

Aqui neste ponto surgem outras lacunas ao pensarmos no que nos ensinaram a acreditar. Ensinaram-nos que um Deus lá fora nos criou, mas se Deus nos criou, quem O criou? Existe um Deus maior que Deus? Existe um Deus atrás do Deus? Se Deus é eterno, por que sou imortal? Como algo imortal pode apenas criar seres mortais?

Ao instituir que somos criação de uma força soberana, caímos num ciclo vicioso sem fim. É capaz de ficarmos loucos, tentando encontrar uma lógica que não existe. E acrescento! Se você é eterno, quem está acima de você? Na eternidade, não existe força acima ou abaixo de você. Não pode haver um Deus acima e um Diabo abaixo, pois, se isso realmente existisse, poria abaixo o conceito de que você é eterno. Nada nem ninguém, então, é maior ou menor que você.

Sentir-se superior ou inferior a alguém é uma ilusão do ser humano, que desconhece o poder da eternidade existente em si mesmo. Talvez você não saiba, mas o símbolo do Universo é um círculo, cuja energia impera como uma lei na vida de todos os seres infinitos do vasto cosmos.

E como essa lei rege nossa vida? Não importa a espécie ou o nível de evolução dos seres no planeta Terra e no Uno, todos vivem paralelamente uns aos outros, ou seja, ninguém é melhor ou pior que ninguém. Nessa lei, o ser humano não é melhor que uma formiga; tem apenas uma funcionalidade existencial diferente.

Se existisse um deus que nos criou, certamente deixaríamos de ser viajantes de ciclos pela eternidade e, portanto, não estaríamos aqui na Terra. Com tantos ciclos de vida e morte, já teríamos sido exterminados em um ponto de uma vida passada. Veja bem, aqui não se trata de acreditar em Deus ou não, mas sim de dizer que, para o poder da eternidade, não cabe a ilusão de uma força soberana lá fora. Sabe por quê? Porque essa força soberana que tanto projetamos fora está dentro de nós. O poder de ser eterno diz: nada o criou, porque você sempre existiu e vai existir pela eternidade.

Você é imbatível

Olhe para trás e veja tudo pelo que você passou nesta vida. Quanta superação e quantas experiências de vida já vivenciou! Mesmo que tenha sofrido ou se deparado com situações difíceis, ainda assim, você chegou até aqui. E se chegou até aqui exausto ou estressado, isso não importa, pois você está aqui.

Quantas vezes você se desesperou e sentiu que sua vida estava fechada e sem saída, mas, depois de superar a situação, entendeu que se desesperara em vão? No fim das contas, você sempre supera tudo. Por conta do poder da eternidade existente em você, tudo que é perdido é encontrado, toda ferida é curada, todo sofrimento é abrandado e todo machucado cicatriza.

Não adianta se suicidar

Muitos dos atos contra a vida não aconteceriam se as pessoas tivessem a consciência de que são eternas. O suicídio, que é o ato intencional de acabar com a própria vida, é um exemplo disso. Por maior que seja a dor e a depressão, o suicida não vai deixar de ser eterno. Se matar para acabar com o peso e o desespero não vai resolver a situação, pois o indivíduo terá de se enfrentar quando acordar do outro lado.

O suicida cai na ilusão de achar que, quando se matar, aliviará a dor e resolverá seu tormento, quando na verdade a dor só aumentará e sua situação piorará. A dor, o medo e o tormento que o suicida sente aqui na Terra são muito menores em intensidade perto da dor, do medo e do tormento que sentirá na vida após a morte física. No astral, as energias são mais sutis, voláteis e plásticas que aqui na Terra, que são mais coesas e densas. No astral, tudo é mais intenso que aqui.

Matar-se não fará zerar e sumir o que precisa ser enfrentado por você. Sendo assim, seja por qual motivo o suicida se matou, ele levará isso junto para o plano astral. Um exemplo mais palpável: sabe quando a pessoa está cheia de preocupações no trabalho e resolve viajar para diminuir o estresse, mas não consegue se desligar dos tormentos?

Isso acontece porque a cabeça dessa pessoa vai junto. Na vida após a "morte" é a mesma coisa. E mais! O suicida não conseguirá se suicidar no plano astral. Cedo ou tarde, ele terá de se enfrentar.

Goste ou não, você será seu para sempre! Concordo em partes com a expressão "nada é para sempre". Realmente, tudo é efêmero, mas, como para toda regra existe uma exceção, nesse caso se trata de uma valorosa exceção: você! Você está fadado a ter de se aguentar para sempre, por isso, aqui vai uma dica: em vez de querer se livrar de si mesmo, como o suicídio o seduz a fazer, tente se conhecer a fim de aprender a lidar consigo mesmo.

Aprenda a lidar com seu medo e com os tormentos aqui na Terra, pois aqui o processo de vida é mais fácil e tranquilo. E, por favor, não morra com a cabeça perturbada e indisciplinada.

Por meio da leitura, você já percebeu que os desequilíbrios no plano astral se tornam muito mais intensos que aqui na Terra. Você tem uma chance de ouro de se equilibrar aqui e passar para o outro lado com uma mente mais disciplinada e equilibrada. Não desperdice sua encarnação! Estar vivo aqui é uma bênção divina!

7
CORPO ASTRAL

Plano astral e plano terreno

O plano astral é o plano de onde você vem antes de nascer na Terra e para onde retorna depois de deixar o corpo. No entanto, há de se mencionar que, enquanto no planeta Terra o processo é de não hierarquia — pois aqui se acomodam seres de infinitas dimensões e planos astrais e, da mesma forma que nascem seres iluminados como Sidarta Gautama, Mahavira e Maomé, nascem também seres das trevas e demonizados capazes de atos monstruosos —, no plano astral existem inúmeras moradas, o que torna o sistema de lá organizado e hierárquico.

Por exemplo, um suicida vai para o plano dos suicidas, um ser atormentado e perdido vai para um plano astral inferior e um ser espiritualizado e equilibrado mentalmente e emocionalmente vai para um plano superior, sutil, leve e congruente com sua energia e nível de consciência. Resumindo, enquanto na Terra todos os seres se misturam, no astral "cada macaco fica no seu galho".

Por outro lado, o plano astral tem muitas semelhanças com as leis de energia e com o funcionamento do plano terreno. No astral, você também sente dor, extravasa as emoções, os sentimentos, ingere alimentos, evacua as toxinas, faz sexo, namora, enfim, tudo o que você faz aqui é um eco do plano astral.

Por conta de o plano astral ser a plataforma de lançamento dos seres que querem ou precisam reencarnar na Terra, o corpo astral necessita ter e manter as mesmas funções que o corpo físico, deste modo, os aparelhos não atrofiam e, assim, o ser pode reencarnar na Terra. Se no astral você não usasse os aparelhos que usa nesta vida, não conseguiria encarnar neste planeta.

Você está de passagem na Terra

Este planeta não é sua verdadeira morada. Sua vinda aqui é valorosa, mas é passageira. Um dia, todos nós iremos embora. Por conta dessa vida passageira, gostaria que compreendesse que este planeta não é seu. Você só está morando nele por uns tempos. Ele não pertence a você e a ninguém, mas a todo o sistema de nossa natureza, que cria o *habitat* para que você e todos os seres estejam aqui.

O fato de o planeta não ser propriedade dos seres humanos é a principal razão de ninguém ter o direito de destruir a natureza poluindo rios, cortando árvores e enchendo os lixões da cidade.

O homem não é dono de nada; ele só pega emprestado da Mãe-Natureza. Mesmo que a propriedade de alguém passe por gerações, chegará o dia em que essa geração se diluirá e a Terra continuará pertencendo à natureza, sua verdadeira dona.

Deste modo, gostaria de iluminar sua consciência para que sua passagem na Terra aconteça pelo zelo e pelo cuidado da natureza como um todo. Proteja este planeta começando por sua casa. Plante uma árvore, não jogue lixo na rua, recicle seu lixo e depois, se puder, estenda esse zelo para seu bairro.

Enfim, há muitas coisas com que você pode contribuir para cuidar do seu planeta. Se sua motivação for maior, deixe este planeta mais bonito do que quando você veio do astral.

O corpo físico é uma sombra do corpo astral

Você acredita que este corpo físico, material e visível aos olhos é seu único corpo? Pois não é. Ele é a sombra e o reflexo de outro corpo: o corpo astral. Ou seja, o corpo físico que sente o ar inflando em seu pulmão e as batidas quentes e ritmadas do seu coração é uma extensão do corpo astral.

Seu corpo astral tem milhares de veias e artérias energéticas que se ligam às veias e artérias do seu corpo físico. Embora os dois corpos se liguem um ao outro, o corpo físico é a ponta do *iceberg* e o astral é todo o corpo submerso e invisível ao mundo concreto.

Especificamente, o astral é seu corpo original e o físico é sua sombra ou cópia.

Digo "cópia", porque seu corpo astral já existia antes de habitar o corpo de carne e osso e continuará a existir, quando, depois da morte física, a "roupagem" desse corpo físico cair para que o corpo astral possa aparecer.

Quando uma pessoa desencarna por motivo de doença, a doença não se apaga da vida dela. Muito pelo contrário, a doença vai junto com a pessoa, mas desta vez revelada no corpo astral. Se alguém morre desdentado ou com diabetes, passará para o outro lado na mesma condição, isto é, ao desencarnar, não nascerão dentes no indivíduo, assim como a diabetes não desaparecerá da pessoa.

Embora a doença apareça no corpo físico, o problema não é físico, mas sim algo por trás do físico. No caso abordado aqui, a doença já estava presente no astral antes de ser materializada no físico. Logo, a pessoa dar continuidade a seu processo de cura e transformação no plano astral.

O corpo astral tem um sistema regenerador tão forte que é capaz de se regenerar de qualquer anomalia e doença. Se a pessoa fica doente ou não se cura de alguma doença é porque as energias que vêm de sua mente e de suas emoções estão em desequilíbrio, logo, estão interferindo e bloqueando o trabalho de regeneração e cura do corpo vital e astral. Por isso, é tão importante ter equilíbrio e paz nas atitudes do dia a dia.

Interferência astral

O plano astral está integrado ao plano terreno, o que significa que, uma vez que o planeta Terra também é o astral, neste exato instante você pode estar sofrendo influência e interferência do astral. Ou seja, os seres que habitam o astral também estão próximos aos encarnados e, é claro, próximos a você.

Não é minha intenção assustá-lo, mas a quantidade de seres do astral que vêm à Terra para grudar nos seres encarnados é tão grande que daria para povoar nosso planeta. Esses seres, que surgem do astral e ficam perambulando aqui no plano terrestre, vêm até aqui com a finalidade de sugar a energia vital dos encarnados, que, diga-se de passagem, é um bálsamo para eles.

Vale informar que os seres a que me refiro são os do astral inferior; obsessores e vampiros que sugam energia. Entretanto, o que vai determinar qual tipo de presença astral você terá perto de si será seu campo energético vibracional, que pode atrair ou repulsar os seres umbralinos.

Quem estiver com a energia baixa, mentalmente inquieto e atormentado, emocionalmente desesperado, amedrontado e tomado por sentimentos pesados e mórbidos, atrairá seres no astral que estão na mesma faixa de vibração negativa de tormento, desespero, medo e morbidez.

Por conta dessa interferência dos seres do astral em nossa vida, quero que preste atenção em seu estado mental, emocional e nas sensações físicas, pois as energias negativas que grudaram em você não são suas.

É fácil perceber, pois, geralmente, seu bom humor muda sem motivo. Estava bem, de repente, fica mal. Isso é indício que a negatividade que grudou em você não é sua.

Sendo assim, fique atento e vigilante mentalmente, tenha consciência do seu mundo interior e das sensações físicas. Mude também sua sintonia e frequência trazendo luz para sua vida, elevando os pensamentos e sentimentos.

Quando você "puxa" sua luz, os seres negativos não conseguem mais grudar em você e tampouco sugar suas energias. De posse de sua luz interior, você recebe outro tipo de visita astral: seres de luz do astral superior, que fazem uma corrente do bem, aumentando, assim, o fluxo de sua paz, harmonia, prosperidade e felicidade em sua vida.

Fique no seu bem e na sua luz para atrair o bem e a luz.

8
CAMPO ENERGÉTICO

Aura

Em volta de nós existe um campo energético, cujo nome é aura. A aura entra como fusão da energia espiritual com a energia material. Em outras palavras, é o encontro da luz com a sombra terrena, o que gera vibrações que misturam energias sutis e densas, formando no ser humano um campo energético ovalar com efeito colorido.

Tudo o que existe na natureza do planeta Terra possui um campo de energia áurico. A amostra de aura na natureza pode ser vista quando a luz do sol penetra nas partículas de H_2O da chuva, formando o arco-íris. E, assim como o arco-íris, nossa aura possui também ondas de energias que vão do vermelho ao violeta.

Todos os seres humanos possuem uma aura, no entanto, assim como a aura é um campo de energia colorido, cada ser humano, devido ao próprio nível de consciência, o que inclui as energias do seu mundo interior, adquire um formato e uma tonalidade diferente na aura.

As pessoas negativas, tóxicas e pesadas têm a aura desbotada, minguada e escura; já as pessoas positivas e nutritivas possuem uma aura intensa, forte, colorida e radiante.

Chacra

A palavra chacra vem do sânscrito *chakra*, que significa roda de luz. Ele tem a forma parecida com a da flor de lótus. Eu vejo os chacras como pontos de energias que giram como hélices em sentido horário quando estão fluídos, ativos e positivos e, quando giram no sentido anti-horário, estão bloqueados, fechados e negativos.

A luz colorida da aura é a extensão do funcionamento dos chacras, que formam em seu ser nove camadas dimensionais. Cada dimensão possui uma roda de luz-chacra em seu centro. Os nove chacras estão localizados na coluna vertebral, que vai da zona erógena até o omoplata das costas.

Essa linha vertical tem a função de realizar a liberação das energias de cada corpo dimensional, que fluem de dentro do indivíduo para o ambiente a seu redor. Os chacras emanam, atraem e repelem as energias. São como ventuinhas que regulam as energias do corpo, ou seja, nem tão para o frio nem tão para quente, mas no equlíbrio natural do corpo.

Logo abaixo, você verá todas as espicificações dos chacras:

Chacra básico – na base do corpo físico que vai até a área genésica. Cor da vibração em ondas vermelhas. Energia instintiva. Função: sexual, presença no aqui e no agora, vitalidade, força, agressividade e domínio.

Chacra umbilical – na região lombar e rins. Cor laranja. Função: fornecer energia vital, sensual, coragem, espontaneidade, exuberância e sensualidade. As emoções e a afetivadade passam por esse chacra.

Chacra solar – é também conhecido como chacra mental. Cor amarela. Localizado na região do estômago. Está ligado à sua esfera mental. Tudo o que passa pela porta de entrada mental e a consciência interpreta reflete nessa zona. Função: comunicação, foco, beleza, leveza, jovialidade e como o indivíduo digere a realidade passa por esse chacra.

Chacra cardíaco – na região do peito. Cor verde. Energia de equilíbrio entre todos os chacras. Função: ânimo, entusiasmo, motivação, discernimento, ponderação, bom senso, segurança interior, parceria com a vida, equilíbrio, organização e realização.

Chacra laríngeo – na região da garganta até a boca. Cor azul. Função protetora: energia de proteção, ousadia, confiança, traquejo linguístico, ternura, união, raciocínio rápido, sociabilidade e o realizar coisas no mundo material.

Chacra frontal – na região do terceiro olho. Cor: índigo. Energia de clarividência. Função: percepção somada a outros poderes da consciência, clarividência, capacidade de enxergar soluções, elaborar, ver além do físico e mediunidade.

Chacra coronário – começa em cima da cabeça e se abre para o universo. Cor: violeta. Energia que liga o eu ao todo. Função: inteligência, humor sofisticado, criatividade, *insight*, inspiração, genialidade e intuição.

Chacra Timo (atrás do coração) – na região do Timo. Cor: rosa. Energia afetiva: Função: amor, afeto, carinho, acolhimento, valor, empreendedorismo, lidar com a matéria e o dinheiro.

Chacra umeral – na região das costas. Cor: branca. Função: transcendência do plano espiritual e material. Energia do mago: iluminação, harmonia, abundância, prosperidade, paz, relaxamento e união. Alinhamento entre todos os chacras. Na união de todas as cores surge a luz branca.

O poder das cores em você

Todas as energias dos chacras emanam cores. A manifestação de energia dos corpos produzem vibrações em ondas, umas mais suaves, outras mais fortes. Dentro de nós temos cores quentes como o vermelho, o laranja e o amarelo, cuja vibração em onda é mais rápida e curta.

Essas cores possuem uma sintonia enraizada no mundo material, porque nossos corpos e nosso chacra estão mais próximos da dimensão terrena. Temos as cores frias como o azul, o índigo e o violeta e também o verde, cuja energia nem é quente nem é fria. O rosa tem a característica da suavidade, e o branco é a união de todas as cores. Como cada cor tem sua função, quero levá-lo até a experiência do poder das cores.

Cada cor representa uma expêriencia de contato com nós mesmos, pois nosso jeito de ser emana cores que produzem efeitos em nossa aura. Vamos começar, então?

Você é uma pessoa muito enérgica, forte, dinâmica e ativa? Se for, sua aura vibra com bastante intensidade a cor vermelha. Você é corajoso, exuberante, aventureiro e carismático? Sua cor em destaque é o laranja. Você é comunicativo, estudioso e piadista? Sua aura realça o amarelo. Você é ponderado, motivador e equilibrado? Sua cor eminente é o verde. Você é confiante, realizador e tranquilo? Você tem muito do azul. Você é médium, perceptivo e sempre busca a verdade? O índigo o domina. Você é transformador, inteligente e talentoso? O violeta jorra em você. Você é carinhoso, afetuoso, cuidadoso e caprichoso? O rosa é sua cor. Você é versátil, iluminado e um artista revolucionário? A cor branca transborda de sua aura.

Como cada pessoa tem um jeito único de ser, a aura provocará um campo de energia e cor diferente para cada indivíduo. E vale dizer que, por mais que haja uma ênfase maior em algum tipo de cor, outras cores atuam em conjunto, o que o denota um indivíduo multifacetado.

9
CORPO FÍSICO

De corpo e alma

Enquanto o corpo físico necessita da alma para fazer seus instintos ficarem aguçados e as sensações serem gozadas de forma vívida, a alma necessita do corpo físico para expressar os sentimentos, manifestar seus talentos e suas habilidades e realizar seus anseios no mundo material.

É graças ao corpo físico que um pintor, inspirado pelas forças divinas, pode pintar um quadro tornando suas inspirações reais. É por meio do corpo físico que um *chef* de cozinha pode criar suas obras de arte gastronômicas. Ou seja, o que seria da imaginação e da inspiração se o pintor e o cozinheiro não dispusessem do cérebro, dos braços e das mãos?

Dessa maneira, valorize o corpo físico em toda a sua magnitude, pois ele é o portal manifestador que possibilita que a criatividade, a intuição, o *insight* e a genialidade surjam dos cumes mais altos do seu ser e possam, assim, se tornar realidade. Zele por seu corpo físico, pois a consciência necessita dele para se expandir e a alma precisa dele para se realizar. Cuide bem da morada de sua alma e, acima de tudo, viva de corpo e alma.

Tudo acaba no corpo físico

Qualquer manifestação do seu ser interior necessita passar por seu corpo físico para se tornar real, então, realmente tudo o que acontece dentro de você acaba no corpo físico. Expondo a coisa de outro modo, seu corpo físico sente seus pensamentos e o falar e experimenta os sentimentos e as atitudes que você expressa no mundo.

Tudo passa pelas sensações físicas, o que nos revela que qualquer movimento dessas manifestações internas emana vibrações energéticas que impactam o corpo físico. Essas vibrações podem gerar impactos positivos e nutritivos, promovendo saúde ou impactos negativos e tóxicos que geram disfunções e doenças.

Tendo em vista a simbiose que os pensamentos, as emoções e os sentimentos possuem com o corpo físico, este se torna o mapa de como as pessoas administram o mundo interior.

Um indivíduo saudável demonstra estar em equilíbrio com o mundo interno por meio da boa administração das energias que cuidam de sua saúde.

Um indivíduo doente, por sua vez, está em desequilíbrio consigo por conta da má administração dos conteúdos internos que regulam sua saúde física.

Não se trata aqui de justificar seu estado saudável ou suas enfermidades pelos genes de seus pais, pela hereditariedade, por fatores teratogênicos ou por causa de uma sociedade que o pressiona a matar um leão por dia, mas sim lhe dizer que cada parte de seu corpo, como as células, as organelas, os órgãos, os ossos, os tecidos, os músculos, a coluna espinhal, o cérebro, o sistema nervoso, os aparelhos respiratório, digestivo e circulatório e os hormônios são o mapa de como você lida com sua potencialidade e suas habilidades e como administra suas crenças, seus pensamentos, seus hábitos, seus sentimentos e suas atitudes manifestadas no seu dia a dia.

Se em alguma parte do seu corpo biológico se instalar uma disfunção, uma obstrução, uma lesão, um mal-estar e uma doença, isso é reflexo de que há um desequilíbrio mental e emocional que está desorganizando o sistema que cuida de sua saúde.

A responsabilidade de ter disciplina mental e emocional para cuidar do corpo físico e gerar vibrações nutritivas é inteiramente sua. Sua saúde é você quem faz! Fique na sua paz!

Sinta-se belo

De que adianta você querer ser uma pessoa religiosa, intelectual, ter muitos diplomas e ser evoluída espiritualmente, se não gosta do próprio rosto e do próprio corpo?

Há aqueles que usam da hipocrisia e dizem que o importante é a beleza interior. Isso tudo é bobagem, pois sua beleza interior começa quando você gosta e aceita sua beleza. Sua aparência é seu cartão de visita, portanto, é sua marca no mundo. Estar de bem com ela é essencial para viver com autoestima, bem-estar e harmonia nas relações humanas.

Assim, antes de pensar na iluminação espiritual, a fim de encontrar a paz e a bem-aventurança, cuide primeiro da evolução material, zelando por seu corpo físico e estando de bem com sua aparência.

Uma característica de quem não gosta da própria fisionomia é sentir-se inadequado, com vergonha e constrangido. Esses estados geram conflitos, e a pessoa, consequentemente, começa a se pôr para baixo, se inferiorizar e se comparar com os padrões estabelecidos de beleza.

Todavia, gostar do próprio rosto e das formas do seu corpo é um exercício que você tem de fazer. Não espere receber a confirmação de sua beleza pelos outros. Infelizmente, é exatamente assim que a grande maioria das pessoas faz. Elas querem ouvir elogios e opiniões favoráveis sobre quão belo é seu rosto e quão maravilhosas são as formas do seu corpo. E se ouvem que são feias e gordas, se sentem feias e gordas; se ouvem que são bonitas e magras, se sentem menos feias e menos gordas.

Por outro lado, os outros podem colocar uma pessoa no pedestal, revelando-lhe qualidades extraordinárias, mas, se ela não se sentir bem consigo mesma, de nada adiantará.

Esteja ciente de que você não se preencherá com os elogios de outras pessoas, mas somente com os seus. A questão de sentir-se belo na aparência está ligado ao estado de espírito de sentir-se belo.

É praticamente uma lei para todos os seres humanos: a energia de exalar uma beleza física vem de dentro para fora; não tem a ver com o padrão de beleza exposto nas revistas e na mídia em geral. Tem a ver com você se sentir belo consigo mesmo do jeito que é, e o motivo está aqui: a beleza está na energia que você exala ao se sentir perfeito e se aceitar como é, e não no que a sociedade estabelece como padrão de beleza.

Ao sentir-se bela ou belo, qualquer coisa que você vestir ficará lindo. Ao sentir-se gostosa ou gostoso, as pessoas não vão querer desgrudar de você, pois é você quem promove sua beleza!

Templo sagrado

Na intenção de ser mais enfático em relação à sua valoração, digo que seu corpo físico é seu templo sagrado — um templo que não sai de você, pois, aonde quer que você vá, seu corpo irá junto, e será assim até o dia de sua morte física.

Afirmar que essa massa de carne, nervos e ossos é seu templo sagrado pode soar-lhe um pouco estranho ou até pretensioso, mas vale lembrá-lo de que ele guarda e acolhe seu bem mais precioso nesta vida, que é você!

Infelizmente, o ser humano, em sua grande maioria, ainda não teve sua consciência despertada para o supremo e divino poder dentro de si e muito menos se inclui nesse processo sagrado de valorizar-se.

O reflexo disso se mostra quando o ser humano trata a própria morada consagrada como se fosse um corpo oco de carne sem essência ou alma. Sem contar ainda os que usam o corpo com imprudência e irresponsabilidade, tornando-o um depósito de lixo para alimentos tóxicos, remédios de tarja preta e outras drogas na tentativa de apagar ou fugir das culpas, dos medos e das insatisfações.

Para aqueles que frequentam os templos de pedra para firmar a fé, saibam que não há necessidade alguma de ir até um templo para se conectar com o poder superior. Aí mesmo onde está, você pode se conectar com as forças divinas existentes em si mesmo, porque o poder superior não está fora, mas dentro do seu corpo físico sagrado.

Se há algo que você deve venerar, a que ser fiel e leal e tratar como sagrado são as forças do seu mundo interior. É graças às forças internas e ao seu corpo físico que você está aqui e tem o livre-arbítrio para ir e vir para onde quiser.

Tendo isso em vista, faço-lhe algumas perguntas: quando entra em um templo religioso, o que você faz? Entra em silêncio? Limpa o templo, deixando-o sempre cristalino e brilhoso? Não deixa que algo ruim o invada? Preenche-o com arranjos de flores? Cria regras para que ninguém o desrespeite ou faça algazarra? Ou melhor, dependendo da religião que você segue, tira os sapatos na hora de orar ou meditar? Você cuida do templo com todo zelo e cuidado?

Se sim, vou lhe dar uma sugestão: trate seu mundo interior da mesma forma. Como? Eliminando a inquietação e o falatório mental, rejeitando as preocupações, descartando as formas-pensamento que possam causar mal-estar ao corpo físico, mantendo-se desperto para o que entra pela porta mental, investindo em pensamentos e sentimentos que nutrem sua autoestima e seu apreço, buscando o autoconhecimento e, acima de tudo, amando e seguindo sua alma acima de todas as coisas.

E, por fim, não se esqueça de usar seu corpo para sentir os prazeres da vida de forma consciente. O prazer material é tão importante quanto cuidar do seu mundo interior.

Por conta disso, quando fizer sexo e farrear, faça com consciência. Ter consciência de suas ações é a melhor maneira de cuidar e zelar por si.

10
ESPIRITUALIDADE

Caminhe pelo chão da espiritualidade

A espiritualidade mora no âmbito profundo do mundo material pelo aprofundamento da percepção, a fim de enxergar o lado profundo de tudo o que seus olhos veem.

Adentrar a espiritualidade não se dá pelo que aprendemos em crenças religiosas, culturais, sociais e nas instituições educadoras. Sua única passagem se dá pelo nosso mergulho vertical profundo em nosso ser interior, sendo totalmente absorvido pelo poder do espírito em nós, que abre o terceiro olho para a espiritualidade.

Ao irmos fundo em nós mesmos, nossa consciência abre-se e aprofunda nossa percepção, transcendendo a superficialidade do preconceito, do estigma da moral e das crendices generalizadas do senso comum. Em troca, revela-se a verdade por trás do véu das mentiras e ilusões. É uma boa mudança ou não?

Nesse mergulho interior, pais, professores, sacerdotes e políticos não podem entrar. E por que eles não podem? Porque só você tem acesso ao mundo interior.

Por meio do poder da espiritualidade, o indivíduo, além de acordar para a vida, resgata seu poder pessoal, afirma e assegura seu modo de pensar, falar, sentir e agir no mundo. Tudo em que você acreditava como sua verdade ganha outra significação. Vou lhe dar um exemplo pessoal: minha consciência aberta à espiritualidade me trouxe o ângulo de visão de que sou eterno. Então, se vou viver para sempre, não faz mais sentido ter pressa, correr ou ser tomado por ansiedade para conquistar as coisas.

Desde então, quando tenho que trabalhar em um projeto, faço isso com a confiança de que, independente do que acontecer, é aquilo que meu espírito quer para mim. E quanto ao que não se realizar, entendo que não era para ser. Entende? Ao caminhar pelo chão da espiritualidade, tornei-me mais sereno e ponderado.

A grande maioria das pessoas, no entanto, corre com pressa de ser alguém bem-sucedido no relacionamento, no trabalho e na família, o que chega a ser hilário, pois nem elas sabem por que estão vivendo nessa maratona. E, para piorar a situação, esses indivíduos trabalham a vida toda para juntar dinheiro para, no final, terem de gastar tudo com remédio e hospital.

Fazendo uma analogia com o filme *Matrix*, destaco a passagem em que o personagem Neo, interpretado por Keanu Reeves, escolhe tomar a pílula vermelha para ver a verdade no Matrix.

Você tem duas escolhas: você pode tomar a pílula azul e continuar vivendo na ilusão de perambular em um deserto que não tem fim, enquanto se mantém preso às crenças que cegam sua visão, ou pode tomar a pílula vermelha, com a intenção de se conhecer por dentro, mergulhar no seu interior passando pelo portal da espiritualidade e ir ao encontro de sua verdade e do real por trás das ilusões.

Qual pílula você escolherá tomar?

Não julgue nem condene! Tenha compaixão!

Quero mexer com sua sensibilidade para despertar em você o poder da compaixão. Para isso, citarei um exemplo um tanto incomum... as vidas passadas. Pela luz da espiritualidade, esta não é a primeira vez que você reencarna na Terra ou em outros planetas reencarnatórios de sua evolução. Se buscar em sua essência (no DNA espiritual), verá registros seus de vidas passadas.

Tendo isso em vista, você já parou alguma vez para refletir se suas ações em vidas passadas foram boas ou ruins? Sim? Não? Independente de sua resposta, é melhor não saber. Se a vida quisesse mesmo que você se lembrasse de seus atos em vidas passadas, certamente você se recordaria de tudo ao reencarnar. Embora não se lembre de nada, respeitemos a natureza e deixemos as coisas assim.

Todos nós temos consciência dos atos abomináveis e bizarros que alguns "seres humanos" cometem, a ponto de nos fazer pensar por que a natureza permite que um ser tão cruel e violento exista. Entretanto, como disse anteriormente, você muito provavelmente fez algo em sua jornada evolutiva, fez algo em suas vidas passadas que não aceitaria e até repudiaria hoje.

Por conta da eternidade, você teve a oportunidade de reencarnar e a chance de superar qualquer ato cruel que possa ter feito ou do qual possa ter participado.

Hoje, você se olha no espelho sem se lembrar do que fez e ainda enche o peito com admiração, dizendo que se tornou uma pessoa boa e digna, mas não se esqueça de que sua bondade e sua consciência de não querer mais fazer mal aos outros só veio à luz porque o poder da espiritualidade, integrado ao poder da eternidade, abriu as portas para você reencarnar aqui na Terra e assim se transformar na pessoa que é hoje. Foi vivendo experiências de vida após vida que você tomou consciência de muitas coisas.

Diante disso, lanço-lhe uma pergunta: se num ponto de uma vida passada nós fomos capazes de fazer coisas ruins e terríveis, você acha justo julgar e condenar alguém nesta vida que faz o mesmo? Veja bem, não estou dizendo que as pessoas que fazem maldades e são violentas estão certas ou erradas ou que concordo com isso ou não. Estou lhe pedindo que troque o julgamento e a condenação pela compaixão, que é, na verdade, a compreensão de que por trás de uma atitude ou uma situação existe um motivo que desconhecemos.

Assim como você evoluiu e se tornou mais consciente, não repetindo mais os atos do passado, um dia aquele que você julga e condena também acordará e renunciará à crueldade e à violência ao próximo.

Mesmo que isso leve dezenas de encarnações, todos nós teremos a chance de superar as dificuldades e nos transformar em pessoas melhores. Você é a prova disso!

Espiritualidade e religião

Uma coisa é espiritualidade, outra é religião. Não as confunda! A palavra religião vem do latim "religio, que significa louvor e reverência aos deuses"[3], mas muitos acreditam que pode vir também do verbo em latim *religare*, "'ligar novamente'", 'voltar a ligar' ou

---

3   Fonte: https://www.dicionarioetimologico.com.br/religiao/

'religar'"[4], ou seja, religar Deus aos homens. Acrescento que *religare* tem mais sentido com o significado de religar as legiões.

Mas legiões de quê? De pessoas que comungam da mesma fé no livro sagrado, que é ligado aos dogmas do seu "Deus". A religião, por se tratar de um fenômeno social, é uma instituição formada pela coletividade.

Em outras palavras, a religião necessita de um grupo para existir. Por ser formada de grupos variados de pessoas, a religião pode ser vista como um desdobramento de outras, pois existem dezenas, como o islamismo, budismo, jainismo, judaísmo, taoismo, cristianismo e seus desdobramentos, como o catolicismo, espiritismo etc... A religião, como qualquer instituição que se preze, precisa de um espaço concreto e físico, como igrejas e sinagogas, para reunir seus fiéis e assim darem abrigo às imagens e às estátuas de seus respectivos deuses.

A palavra espírito, por sua vez, vem do latim *spiritus*, cujo significado é "sopro", e do grego "pneuma", ânimo. A espiritualidade não é uma entidade, não é um órgão, não é uma crença religiosa, não venera nenhuma imagem e tampouco está restrita ao mundo espiritual do pós-vida.

O contato com a espiritualidade não depende de templos de concreto nem de livros sagrados e tampouco de um deus lá fora, pois sua força reside no mergulho interior, no mergulho em si mesmo. Conhecer a si mesmo é a forma de ser absorvido pela espiritualidade.

Uma maneira muito eficaz de se ligar ao próprio espírito se dá pela meditação, que é o momento em que a pessoa fica sozinha e imerge em si com a intenção de encontrar seu silêncio interior e se encaixar em seu centro. Deste modo, ela consegue largar as agitações e as perseguições das formas de pensamentos que transitam na mente.

Por ser um fenômeno individual, o ser espiritual não depende de nenhum grupo de pessoas para ser espiritualista. Basta fechar os olhos e mergulhar em si mesmo para o que aconteça o encontro com a sua essência espiritual. Por viver a força do espírito em você, a espiritualidade torna-se uma só e, por conta disso, independe das forças religiosas pela liberdade de pensar, sentir, falar, agir e de escolher por conta própria como enxergar a si mesmo, os outros e a vida.

---

4   Idem.

A força divina não está fora como é na religião, mas no próprio espírito dentro de si! Sente o contraste de ambas?

11
TRANSFORMAÇÃO

Olhe os outros pelos olhos da alma

A cabeça apega-se ao passado, carregando para o presente os erros, as quedas e os tropeços vividos. Se uma pessoa teve um comportamento ruim no passado, mas no presente mudou, adquirindo uma conduta positiva, vivendo no próprio bem-querer, isso significa que ela não é mais a pessoa que era antes.

Assim, quem a julgar com a cabeça sempre se lembrará da pessoa ruim que ela foi lá trás e, portanto, não estará apto a enxergar a mudança no aqui e agora.

É assim que a cabeça funciona. Ela se apoia no passado, no que foi aprendido, e não no presente. A própria sociedade acaba condenando a pessoa, que fica marcada por toda a vida. Esse é o motivo pelo qual as pessoas carregam culpas, críticas, julgamentos e ainda os transformam em estigmas por toda a vida.

No entanto, se olhamos para o indivíduo com a alma, o passado perde sua força e o que realmente importa é o que a pessoa se tornou hoje. Para a alma, não interessa o que você foi ontem, mas sim o que é hoje. Se houve mesmo mudança para melhor, é o que importa!

Dê a si mesmo o direito de mudar

São diversos os papéis que atuam sobre o indivíduo: filho, filha, irmão, irmã, amigo, amiga, sobrinho, sobrinha, estudante e, conforme vai crescendo, a pessoa vai assumindo outros papéis como marido, esposa, pai, mãe, cristão, cristã, consumidor, consumidora etc.

Em cada um dos papéis que o indivíduo adquire em seu meio social, ele é condicionado, modelado a formas consideradas adequadas e formas padronizadas de agir na sociedade. Um marido tem de se comportar como um marido, um pai como um pai, um cristão como cristão.

Contudo, ter uma identidade fabricada destrói a criatividade do ser interior, que não tem definições e rótulos, porque ele é ele mesmo, único, incomparável e, acima de tudo, imprevisível. O condicionamento de papéis sociais é tão cristalizado que a pessoa não pode se dar o luxo de entrar ela mesma em contradição com as coisas que sente, pensa, fala e faz.

Há uma pressão de ter que ser sempre coerente consigo e com os outros para não passar a impressão de que não é de confiança ou que está perdido e errado.

A sociedade não acredita em pessoas que mudam a toda hora. Se hoje eu falo uma coisa e amanhã falo outra, essa atitude não passa credibilidade, pois o papel de pai, de professor intelectual ou de católico tem de ser coerente com seu discurso. Afinal, para o sistema, uma pessoa que muda é imprevisível e muito difícil de domar.

Embora os papéis sociais enrijeçam o ser como uma capa dura, embaixo dessa "capa" há uma essência interior dinâmica e transmutável. Por conta desse dinamismo provocado pelas transformações internas, a maneira de sentir, pensar, falar e fazer está sempre mudando.

Flua com sua natureza interior e quebre esse padrão duro e aprisionador se dando o direito de mudar. Abra-se para pensar e sentir hoje de um jeito e amanhã de outro.

Esteja livre para conhecer outras formas de conhecimento e de pensar sobre a vida. Torne-se, assim, um ser livre que pode começar algo novo e recomeçar a vida.

É feliz aquele que aceita entrar em contradição consigo mesmo, pois está aberto a mudanças e, por assim dizer, ao crescimento, ao desenvolvimento e à própria transformação.

Não se apegue, pois ninguém é de ninguém

Se existe um hábito e um costume que estagnam o desenvolvimento de um indivíduo e prendem sua transformação é o apego, que é o ato de se apropriar de algo ou de alguém como se fosse dono do objeto ou da pessoa. "Esse carro pertence a mim! Essa mulher é minha", tudo isso é apego, que se trata de um dos principais motivos que levam às pessoas a viverem em sofrimento.

Um indivíduo apegado até consegue controlar e segurar um carro para que ninguém encoste nele, mas controlar uma pessoa para que ninguém se aproxime é praticamente impossível.

Devido ao apego, a relação entre as pessoas ganha muitos conflitos, cobranças e reclamações de ciúme, e o que poderia ser um relacionamento leve e espontâneo acaba tornando-se algo pesado, controlador e aversivo.

Quando um ente morre, o apegado perde o chão e vê sua vida cair em ruína. Quem se apega a coisas materiais, a um pai ou a uma filha está caminhando na contramão da vida. O poder da transformação demonstra que, na vida material, tudo é efêmero e fadado a desaparecer.

Por exemplo, um carro pode ser roubado, uma casa pode pegar fogo, o dinheiro pode ser gasto e até as pessoas com quem você convive podem morrer ou ir embora. Tudo vem e vai.

No entanto, o ser humano, por não respeitar o limite do modo como se envolve com o que o cerca, acaba se apegando às coisas materiais e às relações com os seres vivos. Respeitar os limites de envolvimento é saber que tudo à nossa volta é passageiro e que um dia irá acabar.

Quando entendemos esse processo de que tudo à nossa volta é efêmero, aprendemos a lidar bem com o mundo material. Sem o apego, o modo como nos relacionamos com as coisas e com as pessoas muda completamente. O carro será apenas um instrumento prático para levá-lo a algum lugar; a casa será um lugar aconchegante para acolhê-lo; o dinheiro será um "facilitador", que veio para servi-lo; e as pessoas serão apenas um agente de troca para seu desenvolvimento interno como ser humano.

O apegado quer prender e possuir coisas e pessoas por ter medo de perdê-las, contudo, nada que uma pessoa conquista de bens materiais é seu e, no que diz respeito às pessoas, ninguém é de ninguém. Assim sendo, a questão da perda é uma ilusão, porque você não pode perder aquilo que não é seu! E o que é seu está dentro dos confins do seu mundo interior, por isso só existe a perda de si mesmo. Com o apego você se perde de si.

Usufrua, então, o máximo que puder de todas as suas conquistas. Participe intensamente da vida daqueles por quem tem apreço e estima, desfrute de tudo o que puder sem se apegar, pois assim evitará sofrimento em sua vida.

12
LEGITIMIDADE

Você é único e incomparável

Você pode passar a eternidade procurando qualquer espécie ou forma de vida igual e não encontrará. Pode passar a vida toda observando todos os grãos de areia de todas as praias do planeta e não encontrará um grão igual ao outro.

Ao analisar seu corpo, em todo o esplendor de sua unicidade, não encontrará um milímetro de textura, cor e aparência que será igual à outra parte do mesmo corpo. Observe seus dedos e compare o dedo indicador da mão direita com o indicador da mão esquerda. Se olhar com atenção, notará que são diferentes e apenas dividem uma mera semelhança.

Observe com atenção sua face no espelho e perceberá muitas particularidades no mesmo rosto. O lado esquerdo da face é diferente do lado direito. Um olho é mais puxado ou mais inclinado que o outro, uma orelha é mais arredondada que a outra e por aí vai. Você pode até dizer que o corpo de um ser humano assemelha-se ao corpo de outro ser humano, entretanto, uma coisa é ser semelhante, outra é ser igual.

Desta maneira, chega a ser bizarro e antinatural ver pessoas que desejam ser a cópia de outra pessoa. A menina que quer ser igual à modelo famosa, a mulher que faz uma plástica no rosto para ficar igual a uma atriz de cinema ou o rapaz que se torna escravo do corpo para ficar igual aos modelos de revista. Quanto desamor e desrespeito pela própria individualidade, que é o que assegura o poder da legitimidade!

Em vista do valor de sua legitimidade, não queira ser igual a ninguém nem faça comparações com os outros. Aliás, não há o menor sentido em comparar-se a alguém, pois todas as pessoas são únicas e incomparáveis. A comparação nutre a inveja, o ciúme, a vaidade e destrói a autoestima do indivíduo.

Saia agora dessa loucura egocêntrica e sinta seu verdadeiro Eu, que aclama que você é perfeito por ser único e incomparável. E não se esqueça que no infinito universo não há ninguém igual a você!

Valorize o diferente em você

Não importa o que os outros digam, se eles caçoam de você, o ridicularizam, desprezam ou menosprezam sua aparência ou jeito de ser, fique firme e não se coloque para baixo devido a falatórios ou críticas. E sabe por quê? Aquilo que as pessoas mais recriminam ou consideram esquisito é o que há de melhor em você. Se algo incomodou os outros, é sinal de que lhes chamou a atenção. E se chamou atenção de alguém é porque se trata de algo diferente em você.

Valorize sua diferença e use-a da melhor maneira possível. Manifeste seu lado esquisito com muito afeto por você mesmo. Se alguém disser em tom de sarcasmo que seu jeito o incomoda, que você fala demais, é fechado, dono da verdade, mandão ou muito exibido e que por isso deve melhorar sua postura, faça o seguinte: extraia o melhor de si por meio do julgamento do outro.

Se disserem que você é mandão e que fala demais, responda assim: "Enquanto você me vê como uma pessoa mandona e que fala demais, eu me vejo como uma pessoa com grandes habilidades para ser líder e um comunicador incrível. Enquanto você me vê fechado em mim, eu me vejo como uma pessoa discreta, que não tem necessidade de ficar se mostrando para os outros".

Todas as vezes em que alguém quiser diminui-lo, engrandeça-se para tirar o poder dessa pessoa. Não permita que ninguém o diminua ou o ponha para baixo. Você é perfeito e nota 10 do jeitinho que é.

Quem não vê suas qualidades não vê também as próprias qualidades. Você, no entanto, pode ver as suas, por isso valorize sua diferença e puxará, assim, o seu melhor. O que os outros veem como defeito pode ser seu maior charme. Sua diferença é o que faz de você legítimo.

Puxe o artista que está dentro de você

O ser humano necessita se expressar no mundo com autenticidade e espontaneidade. De modo provocador, eu atesto: ser autêntico é tudo o que os papéis sociais recriminam. Desde a Antiguidade, aqueles que eram autênticos e que pensavam de maneira diferente eram considerados loucos ou ameaçadores ao poder político e religioso e por isso eram sentenciados à morte ou ao exílio. Jesus Cristo, Osho, Sócrates e Platão são exemplos de seres que foram punidos por seguirem o poder autêntico da legitimidade.

Ser um indivíduo autêntico não é algo bem-visto na sociedade, que precisa de religiosos fervorosos, trabalhadores obedientes e consumidores impulsivos. Estes sim são bem-vistos, porque são facilmente controlados e alimentam o sistema social. Contudo, existe uma parte da sociedade que ainda preserva a autenticidade oriunda do poder da legitimidade dentro de si: artistas, dançarinos, músicos, atores, escritores, pintores, poetas, entre outros.

A legitimidade expressa-se por meio da arte individual e criativa, a fim de preservar a alma da opressão. Na verdade, a arte surgiu desde a Antiguidade não apenas para mostrar a passagem do ser humano na Terra, mas para que o indivíduo preservasse a própria alma, que protege o ser autêntico e legítimo dentro de si.

Qualquer um pode ser um artista. Um faxineiro pode ser um artista. Um pedreiro, um bombeiro, um jardineiro, um gari e todos aqueles que tenham profissões dignas. O que faz um pizzaiolo ser um artista é o modo como ele faz a pizza. Ou seja, preparar a massa e o recheio com graciosidade, alegria, com capricho e amando aquilo que faz. Isso é ser um artista que inflama sua alma com aquilo que faz.

Por isso, convido-o a libertar-se da vergonha, da maldade alheia, do "vai pegar mal" e das opressões vaidosas relacionadas ao "que os outros vão pensar" e a puxar o artista que está escondido em seu âmago. Não tenha medo das forças ocultas que estão dormindo dentro de você, pois elas são partes escuras suas que suplicam para vir à luz. Veja por esse ângulo: seja lá o que for sair de você será sua força verdadeira e autêntica, então, aceite-a com amor!

Sua alma está sufocada e amassada com tanta repreensão e com tantas regras autoritárias, então, deixe-a respirar e vir à luz.

Você vai se surpreender e amar o artista que estava escondido dentro de si!

13
ATITUDE

Atitude é tudo

É fácil falar; difícil é fazer aquilo que se fala. A pessoa promete que no próximo ano fará dieta, limpará a bagunça do quarto, fará exercícios, e a lista continua. São tantas promessas não cumpridas, tantas intenções não correspondidas que nem a própria pessoa acredita mais em si mesma. São essas pessoas que falam que vão fazer, mas que na hora do "vamos ver" dão para trás.

A postura de não fazer o que se fala mina a confiança e destrói o sucesso, comprometendo o desenvolvimento pessoal ou profissional do indivíduo.

Pior que os outros deixarem de acreditar em uma pessoa por sua fama de falar e não fazer é a própria pessoa perder a autoconfiança — e não há coisa pior que falta de confiança. Sem confiança, as relações no trabalho, o afetivo e a prosperidade financeira desandam. Minar a autoconfiança é um preço muito alto a se pagar.

Por essa razão, quando você disser que fará alguma coisa, faça. Se não tiver certeza que pode cumprir com o que disse, então não diga nem prometa nada. E quando fizer, banque aquilo que fez. Quando digo "bancar", refiro-me a assumir perante os outros aquilo que você fez, tanto positivamente quanto negativamente.

É necessário ter muita atitude para bancar um erro. Bancar a coisa quando dá certo é fácil, quero ver é assumir quando a coisa não deu certo.

Atitude é tudo, por isso, faça e banque o que fez para que as coisas comecem a fluir.

Você pode desistir

Uma maneira de lidar com uma energia parada e com algo que não se realiza é desistir. É preciso ser uma pessoa de muita atitude para desistir de algo. As pessoas pintam a desistência como fracasso e fraqueza dizendo: "Desistir jamais!", "Morro, mas não desisto!", "Vou persistir até morrer!". Já os vaidosos e orgulhosos vão dizer: "Eu não posso desistir!", "Os outros vão achar que sou um fracassado". Em outras palavras, esses indivíduos transformam o simples ato de desistir em sofrimento e dificuldade.

Tudo isso, no entanto, é só vaidade, necessidade de nutrir a imagem do "certinho" que nunca erra! Saiba que desistir não é fracassar nem sinal de fraqueza, mas sim uma forma de fazer sua vida fluir novamente.

Uma maneira de soltar a trava de algo que não dá resultados positivos é desistir. A energia parada dissolve-se liberando o fluxo para outra coisa. Ao fechar um ciclo pela desistência, automaticamente se abre um novo ciclo com novas possibilidades de realizações.

As pessoas não desistem! Elas acumulam livros lidos até a décima página, abandonando-os sobre a cabeceira da cama, e levam relacionamentos desgastados e arranhados por toda a vida devido aos votos religiosos. Seja pelo desprazer por aquilo que faz, seja porque a vida está dizendo não, é preciso muita humildade para desistir e começar outra coisa.

Desistir não é o fim, mas o começo de uma nova oportunidade.

Humildade não é pobreza

Não confunda humildade com pobreza. Culturalmente no Brasil, usa-se essa palavra para expressar pobreza, falta de dinheiro e para denominar a classe social menos favorecida. Aquela velha frase proferida pelo senso comum: "Eu sou uma pessoa humilde por morar num bairro pobre". Humildade não tem nada a ver com pobreza e falta, mas sim com a verdade interior, com o Eu verdadeiro e simples que há dentro de você.

Um empresário multibilionário pode ser imensamente humilde, assim como uma pessoa pobre pode ser extremamente arrogante e pretenciosa. Humilde é aquele que é verdadeiro com seus pensamentos, seus sentimentos, suas vontades e suas atitudes. Ou seja, ser humilde é ser verdadeiro quando se trata das próprias qualidades e deficiências.

Por exemplo: um escritor de sucesso que assume perante os outros que é bom no que faz está sendo humilde por expressar sua verdadeira qualidade.

Aquele que esconde seus talentos, dizendo "quem sou eu para ser alguém?", está fazendo uso da falsa modéstia, que é o oposto da humildade. E quem se faz de dono da verdade ou de vítima age no extremo da falsa modéstia.

Uma pessoa humilde não quer mostrar que é melhor ou pior que ninguém, não tem necessidade de provar que é inteligente e sábia, que é mais rica que o vizinho, e também não se faz de pobre coitado para ganhar atenção. O humilde é destituído de vaidade e orgulho, sabe reconhecer as próprias qualidades e em que precisa melhorar suas deficiências.

Portanto, se estiver confuso sobre como ser uma pessoa humilde, basta ser você mesmo, sem panca nem frescura, nem mais nem menos.

Felicidade

Talvez você se questione: "O que felicidade tem a ver com o poder da atitude?". Saiba que tem mais a ver do que você possa imaginar. Ao contrário do que pensa, felicidade não é uma emoção, não é um sentimento nem um estilo de vida, mas sim atitudes que provocam bem-estar. Uma pessoa feliz é a que tem habilidade para viver bem.

Ah, já sei! Você é daquelas pessoas que acham que a felicidade não existe ou que dura pouco ou que acreditam que a felicidade só chegará quando você realizar seus sonhos. Pessoas que dizem: "Só serei feliz quando tiver um emprego melhor, quando comprar minha casa dos sonhos ou quando meu grande amor aparecer".

Sinto muito, mas, ao postergar sua felicidade esperando que algo aconteça para ser feliz, você está fadado a se frustrar. Agindo assim, você não será feliz nem mesmo se tal sonho se realizar, pois, diante de sua conquista, sentirá um vazio incompreendido. Dentro de sua casa nova ou ao lado de uma pessoa interessante, você sentirá o mesmo vazio que sentia quando sonhava com a casa ou com um amor.

E sabe por quê? Porque se não sabe ser feliz hoje, não saberá ser feliz quando seu sonho se realizar. Não é uma questão relacionada ao que você faz para ser feliz, mas ao que você sente para ser feliz. A felicidade é impulsionada no profundo do seu ser.

Por isso, extraia do seu âmago a habilidade de ser feliz e coloque-a no seu viver. Comece sentindo-se feliz agora com você mesmo e com o que tem. Curta sua jornada e não crie expectativas sobre o destino que o espera lá na frente. Ao ser feliz agora, você será feliz com qualquer coisa que conquistar em sua vida.

Trate-se bem

Uma atitude que puxa a felicidade está no ato de tratar-se bem. E o que é se tratar bem? É esquecer-se dos outros e cuidar de você! Como? Colocando-se para cima e estando ao seu lado para o que der e vier.

Quando lhe digo para esquecer os outros, destaco o fato de que as pessoas, assim como você, podem cuidar delas mesmas e não precisam do seu cuidado. Você, sim, tem a necessidade e a responsabilidade de cuidar de si mesmo.

Sei que você é ótimo para aconselhar e dar apoio emocional a um amigo que esteja perdido e entristecido, mas quero vê-lo se aconselhar e se dar apoio quando se sentir perdido e triste. Para os outros, você é maravilhoso, todavia, está na hora de ser bom e maravilhoso consigo.

Ficar bem consigo mesmo quando as coisas estão bem é muito fácil! Quero vê-lo ficar firme e forte do seu lado quando as coisas estiverem mal.

A proposta que lhe trago é: seja seu melhor amigo, não desanime e jamais deixe que o ponham para baixo. Fazendo uma analogia com o uso da louça de porcelana, gostaria que você não guardasse mais sua melhor louça para usar com as visitas, mas a usasse com você.

14
INTUIÇÃO

Seu lado intuitivo é seu melhor conselheiro

A intuição é a voz do nosso espírito falando conosco. Por isso, se existe alguém neste mundo que sabe mais sobre você e pode ter vislumbres sobre algo que vai acontecer mais à frente, esse alguém é você.

O próprio significado da palavra "intuição" está relacionado a algo que surge do seu ser. É aquela vozinha que vem lá do fundo e que destoa do que sua cabeça deseja ou do que os outros desejam. E é justamente por isso que devemos seguir nossa intuição.

Por ser percebida por você, a intuição é um fenômeno do seu Eu consciente e funciona como uma antena localizada no ponto mais alto do seu ser, bem no topo de sua cabeça. A força da intuição inicia-se no poder superior, passa pelo canal mental, pela consciência que percebe e chega à dimensão mais densa do corpo físico, vibrando sua energia nos quatro lobos cerebrais.

É por isso que a intuição bem canalizada provoca a sensação de arrepio e encanto. A alma normalmente é acessada pela intuição quando a pessoa pondera e discerne sobre aquilo que intuiu.

Como o ser humano não foi ensinado a ouvir a própria intuição, quando surge no seu canal intuitivo uma imagem ou uma voz que lhe diz que algo de bom ou ruim vai acontecer, o indivíduo acaba não dando bola a isso, pois acredita que se trata de bobagem da sua cabeça.

O pior é que, por não nutrir a própria intuição, o indivíduo acaba dando poder aos que se intitulam donos do saber, como profetas, sacerdotes, professores, psicólogos e terapeutas para confirmar o que sua intuição já lhe havia revelado. Sem contar os que procuram astrólogos, tarólogos, videntes e médiuns para falar sobre o futuro.

Se você entrasse em sintonia com o poder da intuição e confiasse nele, veria que a bola de cristal já existe dentro de você. Sua intuição, ligada ao todo do universo, tem muito mais poder de saber o que é bom ou ruim para você e o que o futuro pode lhe reservar — por você ser um canal direto — do que os outros, que estão apenas sendo mediadores de uma informação. É como se você tivesse uma Ferrari v12, a mais potente e incrementada da face da Terra, mas insistisse em pedir carona para as outras pessoas.

Caso não consiga captar sua intuição, não se aflija. Isso é apenas o reflexo de que você já se desligou de si há tempos. A boa notícia é que você pode se conectar com ela novamente e para isso basta ligar o botão para conectar-se à sua alma, que tem ligação direta com o poder superior intuitivo.

Confie em sua intuição, porque ela está sempre sintonizada com o melhor para você. E mais! Com a prática de segui-la, você se tornará com o tempo seu próprio guia e, quem sabe, até seu próprio terapeuta. É tentador ou não?

Antecipação

A intuição oferece às pessoas a oportunidade de antecipar suas ações para evitar enroscos e encrencas. Conhece aquela velha frase: "Enquanto você está fazendo a massa, eu já comi a pizza"?

A antecipação vem de uma sintonia tão afiada com nossa realidade que é possível mudarmos a estratégia e invertermos um quadro negativo tornando-o favorável. Pensem no exemplo de um comerciante, dono de loja de roupas em um país tropical como o Brasil, que vê que o inverno se aproxima.

Enquanto a concorrência enche a loja com gorros, cachecóis e luvas para esquentar as pessoas de acordo com a previsão do inverno, o tal comerciante pressente que a estação não será fria como a passada e, em vez de comprar acessórios ideais para o frio mais intenso, compra roupas de meia-estação. Dois meses depois, o inverno chega, mas o frio não.

Por ter sido o único a prever que o inverno não seria tão frio, esse comerciante consegue vender todas as suas mercadorias, enquanto os gorros, cachecóis e luvas acumulavam teias de aranha nas prateleiras. Esse comerciante fez uso desse grande poder da intuição para antecipar sua ação para a próxima estação e ele o fez sem consultar qualquer meteorologista.

Para se alinhar a esse poder, você precisa abandonar a ideia de se apoiar nas opiniões e sugestões dos outros e se garantir com aquilo que você capta com sua antena intuitiva e, assim, puxar a antecipação na alma, que vai ponderar a questão, validando a decisão de não seguir os outros e seguir a si mesmo.

O poder da antecipação, que é movido pela intuição, o colocará em uma sincronicidade tamanha que, nos eventos de sua vida, você chegará na estação de trem, nem antes e nem depois, mas na hora que o trem chegar.

A intuição se liga ao instinto

Seu Eu consciente liga-se a você por um canal de duas pontas, que são: a ponta que está no céu — a intuição —, e a ponta que está na terra — o instinto. Formam-se, então, a raiz do instinto e os galhos da intuição em você. Com esses dois poderes ativos, uma árvore forte, frondosa e frutífera é nutrida em seu interior.

Esses poderes são seus grandes guardiões, seus protetores nas relações humanas, por isso preste bem atenção: você vive em um mundo que é uma revista, e coisas lhe são oferecidas o tempo todo. "Cair na lábia" de um sedutor e de um charlatão é muito fácil, então, se você não estiver de posse do poder da intuição e do instinto será enrolado e enganado facilmente.

O processo de comunicação entre esses poderes funciona assim: o instinto liga-se à energia da pessoa, a mente faz a ponte até a intuição, que, por sua vez, abre a consciência, que faz você perceber os sinais intuitivos revelando se a pessoa em questão é de confiança ou não.

Ficar em *off* com o poder da intuição e do instinto é o mesmo que pedir ajuda a um ladrão para passar o cartão do banco no caixa eletrônico. Agindo assim, você certamente será roubado.

Deste modo, aqui vai um alerta: se hoje você estiver rodeado de pessoas más e sem caráter é porque seu Eu consciente está desligado da intuição e do instinto, caso contrário esses dois canais o teriam avisado sobre essas pessoas, fazendo-o afastar-se delas. A intuição e o instinto protegem-no de pessoas mal-intencionadas.

Confie nessa ponte intuitiva e instintiva em você e, quando for tomado por uma sensação no corpo de que a pessoa ao seu lado está com uma energia ruim, pesada e tóxica, gerando desconforto e mal-estar, tenha convicção de que seu instinto e sua intuição estão lhe revelando a verdade sobre o outro. Obedeça ao alerta de ambos e estará sempre protegido de pessoas mal-intencionadas e sem caráter. E saiba que você poderá também usar os dois canais para selecionar e escolher as pessoas que lhe fazem bem.

15
ESPÍRITO

Seu espírito é um sol central

O espírito — sopro e respiração do universo eterno em você — o abençoa como fonte de existência que o nutre por toda a eternidade e o coloca na posição de centro de sua própria realidade.

Cada ser neste infinito universo é o centro de sua própria realidade como se fosse um sol, fonte criadora de energia e luz. Porém, tome cuidado ao interpretar essa informação, pois, ao lhe dizer que os seres do universo são o sol central, não estou afirmando que você é o maioral e que os outros, a sociedade e o mundo giram ao seu redor.

Nada disso! Isso é apenas seu ego vaidoso e orgulhoso que adora ser o centro das atenções e tem prazer de inferiorizar e depreciar os outros.

A questão do sol central é justamente a eliminação dos sentimentos de superioridade e inferioridade e a anulação do sentimento de perfeição e imperfeição. Se cada indivíduo se torna seu próprio sol central, quem será melhor ou pior que o outro? Quem é perfeito ou imperfeito?

Eu sei que, com o nível de consciência humana voltado ao individualismo e ao ego, a comparação e a competição com o próximo fomentam a ideia de superioridade e inferioridade, de perfeição e imperfeição.

Quem entra na comparação e na competição com o outro não percebe que, ao fazer isso, perde a oportunidade de ser o próprio sol central, que brilha poderosamente, para apagar a própria luz e ficar vagando na órbita do sol do outro. Sabe aquele momento em que você dá muita importância ao que o outro falou e fez e fica ofendido e deprimido? Isso é sair do seu sol para viver à sombra do outro.

É preciso sair dessa posição de satélite e voltar ao centro do seu sol. Como? Está na hora de trazer a consciência, o poder do espírito em si mesmo, de que, por ser o sol central, você é também o centro do seu universo.

A consciência de que você não se encaixa em comparações e competições e, por conseguinte, não é superior nem inferior, não é perfeito nem imperfeito, é apenas você, único na posição de ser seu sol central.

Nada é maior que você

Estar na posição de centro significa que todos os âmbitos que preenchem sua realidade estão na periferia do seu sol. E quais são esses âmbitos? Trabalho, vida afetiva, família e as relações humanas em geral. Todos esses âmbitos estão na periferia de seu ser, e você se põe no centro de tudo isso.

Estar no centro das coisas que fazem parte de sua vida muda completamente o modo de lidar com todas elas. Trabalho, família, bens materiais e relacionamentos afetivos não podem ser mais importantes do que você em sua vida.

Quando coloca o trabalho ou alguém de sua estima no pedestal, você dá seu lugar ao centro para esses elementos, no entanto, não faz o menor sentido viver na periferia do seu próprio sol para ficar rodando como um satélite no trabalho e nos relacionamentos.

Se isso tem acontecido é porque você deixou de ser quem é para viver apenas do trabalho ou para viver a vida de outra pessoa.

Em curtas palavras, isso é sinal de que você não tem se colocado em primeiro lugar na sua fila. Se você tem posto a família, a vida afetiva e o trabalho em seu lugar de sol, sinto lhe dizer que é daí que começam a desvalorização no trabalho, os conflitos familiares, o ciúme no plano afetivo e a falta de dinheiro. Não coloque nada acima de si.

No momento em que você voltar para seu centro, todos esses conflitos desaparecerão. Para que consiga ficar no centro de sua vida, você terá de largar os outros para cuidar e zelar por seus sentimentos, suas necessidades e seu bem-estar. Faça seu sol brilhar novamente sentindo prazer e alegria de viver.

E lembre-se de que, quanto mais forte e radiante for seu sol, mais você terá para oferecer ao trabalho, à família e à vida em geral. Coloque-se em primeiro lugar. Você é maior que tudo nesta vida.

O espírito não mima você!

O poder do espírito em você o suporta no plano espiritual e no plano material, o ampara, o acolhe e lhe dá todas as ferramentas e todos os atributos para que possa se desenvolver e ser feliz em todos os sentidos.

No entanto, a luz espiritual que o ajuda a alcançar as bênçãos, as riquezas e as curas não são feitas para você, mas sim através de você. Isso significa que o espírito não é seu escravo nem trabalha para você. As pessoas tratam Deus como se fosse um escravo que existe para servi-las. "Deus, me dê isso! Deus, me ajude com aquilo".

Esses indivíduos demonstram ser um bando de mimados e alienados que só sabem pedir. Fazer a parte que lhes cabe e transformar-se interiormente que é bom não acontece. Ficar pedindo ajoelhado e orando não funciona. Se funcionasse, ninguém mais ficaria doente, desempregado e pobre.

O espírito em você só anda se você andar, só faz se você fizer, só muda sua vida se você se transformar por dentro. Ele não é um pai que só diz sim para o filho sem receber nada em troca, mimando-o e transformando-o em uma pessoa arrogante e intolerante.

Então, se seu caso é pedir emprego, transforme-se em uma pessoa que se valoriza e reconhece as próprias qualidades, pois, deste modo, o espírito através de você lhe trará o emprego certo. Enquanto continuar reclamando e se desvalorizando, o espírito se manterá estagnado e, o que é pior, vai lhe tirar o pouco que tem.

Você pode ser um fiel religioso, o mais fervoroso temente a Deus deste planeta, a pessoa mais caridosa da Terra, do tipo que ajuda todo mundo, no entanto, as coisas em sua vida só se transformarão se você fizer seu movimento interno de transformação e mudança.

O espírito não trata ninguém com privilégios, de maneira especial, não tem pena nem tampouco mima ninguém. Ele trata as pessoas por honras e méritos, e, para isso, é preciso ter atitudes favoráveis à riqueza que o espírito vai materializar.

Solidão

Se existe uma certeza nesta vida é a de que você não está sozinho. Não estou me referindo às pessoas que vivem com você, a Deus ou a guias espirituais. Quando lhe digo que não está sozinho é porque você tem a si mesmo. Solidão não é falta de alguém nem falta de uma entidade espiritual, mas sim ausência de você consigo mesmo. Tanto é verdade que já cansei de ouvir relatos de pessoas que se sentiam sozinhas no meio da multidão e de pessoas que se sentiam muito bem sozinhas.

De fato, a solidão não tem ligação com nada externo a seu ser, e sim com seu mundo interior. Indo direto ao ponto, sentir o vazio da solidão revela autoabandono pela falta que você comete consigo mesmo. A falta que você se faz e que nutre a solidão surge de você achar que depende da aprovação dos outros. Por fazer de tudo para agradar as pessoas, visando ganhar migalhas de atenção e consideração, você acaba se afastando de si mesmo e aumentando ainda mais a solidão.

A negligência é achar que sua felicidade depende dos outros, como, por exemplo, mulheres que acreditam que precisam ter um homem para serem felizes. Isso é uma grande ilusão, porque ninguém precisa de ninguém para ser feliz, só de si mesmo.

Se você estiver infeliz, mesmo que esteja em Disney World ao lado de um amigo de alto-astral, mesmo assim continuará infeliz e não vai usufruir da alegria de estar em um parque de diversões.

Se você não tem a si mesmo não tem nada nem ninguém. Sua solidão vem da sua falta de alma e, por assim dizer, da falta do poder do espírito em você, uma vez que a alma representa o espírito na Terra.

Sentir-se sozinho em meio à multidão revela o afastamento do poder do espírito em você, logo, ligar-se à sua alma o aproxima de si de tal maneira que o sentimento de solidão se esvai.

Ao sentir esse amparo e aconchego em si mesmo, você sentirá pela primeira vez que não precisa ter a aprovação e a aceitação dos outros e muito menos depende da companhia de alguém para sentir paz, segurança e felicidade.

A partir de agora, quem vai aprová-lo, aceitá-lo e fazê-lo feliz é você mesmo. Com esse novo Eu emocionalmente autossuficiente, além de adorar ter momentos sozinho consigo, você será também uma excelente companhia para as pessoas. E não se esqueça de que nesta vida você só precisa de si e do seu espírito. O resto é apenas desfrute.

16
ESCOLHA

Livre-arbítrio

Enquanto a escolha consciente é a responsabilidade para zelar pela individualidade, o livre-arbítrio é a liberdade para exercer o poder da escolha individual.

No poder da escolha, o livre-arbítrio é seu marco referencial. É por meio dele que você pode escolher por sua vontade e decidir ser livre de qualquer condicionamento ou causa determinante. Ter posse do seu livre-arbítrio faz você escolher ser dono de si.

Os que abrem mão do livre-arbítrio, alegando que se trata de uma ilusão tê-lo, porque ninguém escolhe nada ou porque as pessoas renunciam a isso para dar poder de escolha aos outros, se tornam escravos dominados pelos outros. Saia dessa dormência, pois você é o dono de sua vida e tem o livre-arbítrio para escolher e renunciar às opções que aparecerem em seu caminho.

É você quem precisa estar no controle de seu "barco", pois seu timão é o livre-arbítrio. Não entregue seu poder a ninguém. Tome as rédeas de suas vontades, escolhas e decisões.

Se o livre-arbítrio levá-lo a um caminho que você desaprove, é melhor que erre seguindo a si mesmo do que seguir um caminho que não tem nada a ver com você e ditado por outra pessoa.

Quando se tornar o dono de suas escolhas, você se sentirá bem consigo mesmo e com a autoestima elevada.

O espírito escolhe por você

Fazemos escolhas o tempo todo. Incessantemente, você escolhe onde depositará sua atenção, sua importância, suas crenças, o que deseja falar, ouvir, com quem quer andar, vestir, comer, enfim, você e suas escolhas caminham de mãos dadas.

Existem, no entanto, dois tipos de escolhas: as que são feitas por seu Eu consciente — às quais você direciona sua vontade (quero ler esse livro, quero tomar um sorvete) — e as escolhas inconscientes, que acontecem quando você é levado por uma força a fazer determinada coisa, como, por exemplo, ter de forçosamente encarar algo que lhe dá medo. É claro que a grande maioria das pessoas é movida por escolhas inconscientes e são poucos os que estão lúcidos para bancar e assumir escolhas conscientes.

Não obstante, há uma força maior que une as duas escolhas e que vem do espírito em você. Seja acordado ou dormindo, quem faz suas escolhas é o espírito que o ampara e o acolhe aí dentro. Você pode até dizer que foi coagido a escolher, pode dizer que não tinha escolha ou que Deus quis assim, no entanto, não importa o argumento que use para justificar suas escolhas. Foi seu espírito quem escolheu por você.

E, acredite ou não, isso não vai mudar, pois ele continuará escolhendo por você. Foi ele quem escolheu ler este livro e o fez por saber que algo nesta leitura será proveitoso para seu desenvolvimento. Estando você consciente ou não, seu espírito sempre faz as escolhas certas!

Você escolheu nascer na Terra

Mesmo antes de nascer neste planeta, você já havia feito sua escolha de nascer aqui. Essa coisa de dizer "eu não tive culpa de nascer aqui, porque não pedi para nascer" é uma tremenda ilusão associada à ignorância, ao fato de não conhecer o poder da escolha que permeia sua eternidade. Você não se lembra, mas escolheu estar aqui.

E tem mais! Dependendo do seu nível de consciência, se este for mais atento e lúcido na passagem do astral para o plano material, você pode ter escolhido seus pais, seu nome de batizado, o que iria estudar, trabalhar e até com quem iria se casar etc.

Vou elucidar a questão. Imagine os filhos de atores de cinema em Hollywood. Essas pessoas, que desejavam ser atores, escolheram esses pais como forma de facilitar a carreira, assim como os filhos que escolheram pais empresários para, desde pequenos, já terem contato com dinheiro e se tornarem empreendedores. É claro que isso não é uma regra; é apenas uma amostra do poder da escolha que você ainda desconhece.

Esses exemplos citados se encaixam apenas na realidade daqueles que possuem um Eu consciente lúcido no período preparatório para a reencarnação. Os desacordados e desalmados, por sua vez, são levados pelo espírito a ter de nascer em qualquer barriga para aliviar o peso e o tormento do umbral. Independente do modo que veio para a Terra, acordado ou dormindo, você escolheu estar aqui. E escolheu porque o espírito enxerga que você necessita se desenvolver como ser humano neste planeta.

Todavia, ao sentir-se vítima das circunstâncias e dizer que não escolheu nada em sua vida, que tudo foi obra do acaso e que chegou até aqui sem querer, você mostra que abriu mão das suas escolhas ou escolheu ser levado pelos outros. Andar de olhos fechados também é uma escolha.

Você constrói seu destino

Dizer que seu futuro já está escrito ou que as coisas já são determinadas por alguma força superior fora de você é o mesmo que dizer que você é um escravo da eternidade. E não é. Você não precisa ser um Husserl, um El Morya nem um Zaratustra para perceber que não somos um fantoche no momento presente à mercê de forças superiores ou ambientais, que nos tiram do controle de qual caminho vamos seguir, como se vivêssemos subjugados a um ambiente que comanda o que temos de pensar, falar, sentir e fazer, impondo-nos a ideia de que somos meros coadjuvantes nesta peça chamada vida.

Se você realmente fosse vítima da vicissitude algoz, não teria nascido, se desenvolvido, se tornado a pessoa que é hoje nem estaria lendo este livro ou fazendo qualquer outra coisa. E sabe por quê não? Porque sua vida é feita de escolhas realizadas por você segundo a segundo.

É muito comum as pessoas comentarem o encontro de um casal apaixonado dizendo: "O encontro deles foi obra do destino"; "Estava escrito que um dia eles iriam se encontrar" ou ainda "Foi Deus quem fez eles se encontrarem".

Bobagem. Nada disso foi obra do destino, pois nada estava escrito ou determinado. Também não foi obra de Deus, pois Ele nos deu o livre-arbítrio para que pudéssemos escolher. Deste modo, foram as escolhas que os dois jovens apaixonados fizeram dia após dia que afunilaram as circunstâncias até que os dois se encontrassem. Ainda que o casal tenha combinado no plano astral de se encontrar aqui na Terra, essa escolha foi consumada por ambos no astral.

Como o ser humano constrói o próprio destino, isso significa que seu amanhã é flexível, ou seja, que também pode ser mudado. Se seu destino tendia à tragédia e ao sofrimento, mas você escolhe mudar o caminho e ir em outra direção, o que estava sendo trabalhado para ser uma catástrofe pode se tornar amanhã sua maior bênção benevolente.

A frase popular "você colhe o que planta" é perfeita para exprimir a ideia de que você colherá amanhã os frutos das escolhas que faz hoje. Se você planta a falta, o medo, o mal e o sofrimento, colherá frutos contaminados e tóxicos amanhã. Se planta a fartura, a coragem, a bondade e a confiança no bem, colherá frutos saudáveis e nutritivos.

Você é totalmente responsável pela realidade que vivencia hoje. O solo de sua vida constrói seu destino. E aí? Que semente você plantará hoje?

17

AGRESSIVIDADE

Não adianta choramingar e reclamar

Vou desmistificar uma coisa importante: ter o poder da agressividade não o torna uma pessoa ruim, perigosa e agressiva. Não atribua à agressividade uma conotação ruim, pois ela faz parte da natureza humana. Aliás, todos os seres humanos possuem sua medida de agressividade. Uns mais, outros menos, mas todo mundo tem.

Um exemplo de que o poder da agressividade está em todos nós é a nossa mandíbula, que realiza o ato de triturar e mastigar a comida, uma força agressiva usada para "quebrar" o alimento.

O que torna a agressividade ruim e perigosa é o modo como as pessoas usam esse magnífico poder. O exemplo da faca é perfeito. Esse utensílio pode ser usado para passar manteiga no pão ou como arma para ferir pessoas. O mesmo ocorre com o poder da agressividade, que pode ser manifestado para superar as dificuldades ou ser utilizado para expressar violência.

De fato, em um planeta regido pela lei do mais forte, onde os fracos não têm vez, é essencialmente necessário ter dentro de você o poder da agressividade, que lhe forneça a força da coragem e da firmeza para encarar os momentos em que a corda apertar o pescoço para, assim, você conseguir enfrentar a situação e obter êxito.

A propósito, quando menciono a lei do mais forte, não estou me referindo à força física de um halterofilista que tem a dose agressiva para levantar um caminhão, mas sim a força mental, emocional e espiritual para lidar com as adversidades da vida.

O poder da agressividade é essencial em sua vida, porque, quando chegar a hora de você encarar um momento de dificuldade, o planeta não vai parar de girar e as pessoas não vão mudar porque você está despreparado, com medo e triste. Não adianta choramingar ou reclamar que está com "dodói". E digo mais!

Se você é do tipo fracote e mimado, que fica choramingando e reclamando que a coisa não aconteceu como você queria, que a vida está difícil, que está sem dinheiro ou que não é compreendido nem valorizado, tenha em mente que os fracos e os mimados são os primeiros a serem atropelados pela vida.

A solução é fácil! Tome posse do poder da agressividade em você e seja forte para aguentar as contrariedades. Como? Se você se feriu, se regenere. Se escorregou, se endireite. Se caiu, levante--se. Se errou, continue até acertar.

Raiva positiva

Se existe algo descomunal em nós, que tem sua força motriz no poder da agressividade, é a raiva. De modo geral, quando as pessoas mencionam a raiva, a classificam como uma emoção danosa e que provoca caos. Ela pode ser usada tanto para causar danos a nós mesmos como às pessoas.

No entanto, assim como existe a raiva negativa e destrutiva, existe também a raiva positiva e construtiva. Um bom exemplo de raiva positiva é quando, em um dia muito frio, você sente dificuldade de se levantar da cama pela manhã, mas um compromisso importante o faz se levantar. Adivinha que força o fez sair da cama e não se atrasar para o compromisso? A raiva.

Deste modo, gostaria de lhe revelar que a raiva positiva pode entrar como forma de libertação de crenças, formas-pensamento, hábitos e atitudes que bloqueiam sua prosperidade e seu sucesso.

Um bom exemplo do bom uso da raiva positiva acontece com pessoas envergonhadas. Compreenda que a vergonha prende as capacidades e habilidades, privando o indivíduo de conhecer pessoas legais e abraçar oportunidades de emancipação profissional.

A vergonha vem do orgulho, da não aceitação de si, e, com isso, a pessoa começa a atribuir a si mesma muitos defeitos, que lhe despertam sentimentos de inadequação, inferioridade e imperfeição. O correto a fazer é não ceder à vergonha quando ela aparecer.

Seja qual for a situação que faça sua vergonha sair, não fuja dela e fique onde está. Puxe na memória quantas vezes você deixou de conhecer gente bacana e perdeu ótimas oportunidades por causa dessa maldita vergonha.

Quando o filme dos bons momentos desperdiçados surgir em sua mente, provavelmente emergirá em você uma raiva de si mesmo por ter perdido tantas coisas positivas devido à vergonha.

Não se aflija por isso, pois sentir essa raiva é imensamente libertador. Deixe a raiva emergir, pois ela está se comunicando com você, está usando seu corpo para lhe dizer que sentir vergonha lhe faz mal, o diminui e o desvaloriza como pessoa.

Este é o sinal verde para você agir e dizer para si mesmo: "Não vou me esconder nunca mais! Não vou mais fugir de nada nem de ninguém! Não vou mais me sentir inadequado! Se a vergonha veio, ainda assim vou falar com a pessoa! Vou agarrar a oportunidade!".

Ao contrariar a vergonha e encarar a situação, você usará a força da raiva positiva para enfraquecer a vergonha e nutrir sua autoestima.

Vale frisar que você pode usar o poder da agressividade por meio da raiva positiva para conseguir se libertar das culpas, das mágoas, dos medos, enfim, do que você quiser.

O poder da agressividade é seu. Escolha com sabedoria como usá-lo a seu favor.

Extravasando a raiva com inteligência

Agora que sabe como usar a raiva de maneira positiva, aprenda outro jeito de usá-la com inteligência. Destaco que este texto serve para os esquentadinhos de pavio curto que estouram de raiva por qualquer coisa.

Sabemos que partir para a violência não é uma boa decisão, pois geralmente isso puxa o pior do outro, a coisa vira uma "bola de neve" e, por fim, o que deveria ser apenas uma discussão acaba se tornando uma grande pancadaria.

Ao "sair no braço" com alguém, você pode até extravasar sua raiva, mas seguramente acaba gerando danos a si mesmo e a quem esteja envolvido. Não tem jeito. Não importa quem vença a luta, aquele que escolhe partir para violência sempre sai perdendo.

Por outro lado, se apenas "engolir sapo" ou reprimir a raiva, o indivíduo pode acabar se tornando muito perigoso, uma daquelas pessoas que se transformam em uma "bomba-relógio" que pode explodir a qualquer momento. E, quando o balão de raiva reprimida explodir, o indivíduo vai pular na jugular do primeiro que o irritar. Há, no entanto, uma solução muito eficaz para quem sente raiva a todo instante. Uma solução que não envolve partir para violência ou reprimir a raiva: extravasar a raiva em um objeto.

É óbvio que, na hora em que o sangue subir à cabeça, você não terá nenhum objeto à sua disposição, então, segure a raiva e, quando encontrar um lugar seguro, isolado e apropriado para isso, descarregue-a. Se a situação acontecer no trabalho, encontre uma almofada que possa socar e em que possa jogar toda a sua raiva. Em casa mantenha algo para esmurrar, como um saco de boxe, por exemplo.

Enfim, encontre objetos para que não precise descarregar a raiva em seres vivos. Eu lhe garanto que você sentirá alívio e leveza depois desse exercício. Ao descarregar a raiva em um objeto, você sente a energia pesada saindo de você. Ao extravasar a raiva com inteligência, o poder da agressividade fica em equilíbrio, o que o deixará mais leve e relaxado.

Ao extravasar a raiva com inteligência, nada permanece preso e engavetado, e o motivo que o levou à raiva desaparece. Esse é o objetivo: não guardar raiva de nada nem de ninguém.

18
RECEPTIVIDADE

Acredite na sua potencialidade

Tudo em sua vida passa por sua receptividade. Quando você está fechado e diz *não* com veemência, nada pode entrar em você e tampouco o convencer a mudar de ideia.

O poder da receptividade é sua abertura no mundo. É nele que residem as janelas, as portas, as pontes, as antenas e os canais por onde seu ser se abre para absorver as crenças nas quais você escolhe acreditar e as vontades que escolhe seguir.

Um excelente exemplo de alguém que está com a mente fechada à receptividade é quem diz que não consegue estudar e aprender coisas novas. Se um indivíduo acredita que não consegue estudar e aprender, então, de fato, ele não desenvolverá suas potencialidades.

Em outras palavras, aquele que diz que é inútil e burro gera situações ao seu redor que o induzem a se sentir inútil e burro.

Tendo isso em vista, abra sua mente e acredite em sua potencialidade para estudar qualquer assunto e aprender sobre qualquer coisa. Não há nada que você não possa aprender.

E mesmo que demore a dominar certo assunto ou objeto, se você insistir em acreditar em sua potencialidade para estudar e aprender, chegará a hora em que compreenderá o assunto e terá a habilidade de manusear o objeto.

Meu lema é: nunca se subestime e se surpreenda!

Esteja receptivo ao seu ser interior

Por que grande parte das pessoas busca atenção, apoio emocional e segurança nos outros em vez de dar a si mesmo amparo e acolhimento? E por que a grande maioria busca alento na religião, em um santo e na oração para um Deus lá fora em vez de adquirir autoconhecimento e fortalecer o poder pessoal para conquistar a força espiritual dentro de si? Em resposta, eu lhe digo que a maior parte das pessoas é mais receptiva ao que vem de fora do que ao seu mundo interno.

Desde pequenos, nós somos ensinados a olhar para fora, a colocar o sentimento dos outros em primeiro lugar, a ser solidários, caridosos e educados com os outros. Na sociedade em que vivemos, olhar para nós mesmos e cuidar de nossas necessidades é considerado algo negativo, egoísta.

É por conta do apego ao que vem de fora e do autoabandono às necessidades da alma que o ser humano está angustiado, ansioso, depressivo e tem se entupido de remédio de tarja preta, o que é uma grande contradição, pois as pessoas buscam suprir o vazio e a crise existencial com o que vem de fora, quando, na verdade, é dentro delas que está o tesouro que eliminará toda apreensão e inquietude. Aqui vai uma lei: o de fora se cura com o de fora e o de dentro se cura com o de dentro.

Em outras palavras, não adianta acumular dinheiro, comprar um monte de sapatos e roupas, se há um vazio em seu peito. Somente se preenchendo com seu sentimento de apreço, estima, acolhimento, amparo e cuidado você acabará com o vazio interno.

Nesta busca por coisas que o afastam de si, sua morada interior fica abandonada na escuridão, então, tudo o que você tem a fazer é entrar em si e se ligar em sua alma para que a luz volte a iluminar sua vida.

A coluna espiritual de sua morada interior é mais sólida e forte que qualquer outra coluna do mundo exterior. Sua casa interior só está aguardando que seu dono volte à casa. E esse dono é você!

Comece já estando receptivo para seu ser interior. Os tesouros mais valiosos de sua vida estão dentro de você!

Diga sim para a vida

Abra-se às oportunidades. Quando uma oportunidade for até você, entregue-se e aventure-se. O que quero lhe dizer é, se o trem parar na estação, se aventure e entre no trem. Quando você diz sim às oportunidades, seu poder de receptividade suscita em você uma saudável excitação e uma alegria por simplesmente estar vivo e livre para usufruir a vida.

Em contrapartida, ao negar a experiência, as oportunidades e seu direito de viver lhe são negados. Quanto mais você disser não para uma oportunidade, mais a vida se estreitará, os caminhos se fecharão e o dinheiro se afastará. Digamos que o sim abre o fluxo de sua vida e o não o fecha, simples assim. Talvez sua vida esteja pequena, sem graça, e as coisas estejam em falta devido à sua exigência, pretensão e frescura que o impelem a dizer não às grandes aventuras.

Veja por esse lado: sua alma é aventureira e adora viver novas experiências. Observe a coisa com mais amplitude: o que na cabeça pode ser ruim, para a alma pode ser maravilhoso. Ser receptivo às oportunidades amplia sua vida e alarga a prosperidade, pois, quando você diz sim à vida, a vida diz sim para você. Por exemplo, uma pessoa livre e solta para viver as experiências sempre encontra uma maneira de conhecer pessoas, criar oportunidades e ganhar dinheiro.

Quando você recebe um não, é porque dentro de você já há um não. Se dê o sim, dizendo que é merecedor de tudo o que é bom, com certeza você atrairá o sim.

Na verdade, a vida sempre nos diz sim; ela só está esperando que você esteja receptivo a dizer sim para a vida. Comece já a magnetizar sua prosperidade. Quando aparecer uma oportunidade, não ouça a cabeça! Sinta a alma e aventure-se!

Uma receita curandeira

Você pode tomar remédio, fazer terapias e se consultar com um mestre curandeiro espiritual, mas nada vai adiantar se não estiver receptivo à sua cura. Ao sentir que não vai se curar, certamente você não vai se curar. Já tomei consciência de tanta gente que "morreu" por estar fechada e não acreditar em sua cura. De gente que estava desiludida com a vida, entrou em depressão, definhou e foi a óbito.

Por outro lado, quando a pessoa não se entrega à doença e sente que vai ser curada, sua receptividade promove a cura. Ao questionar as pessoas que venceram o câncer, todas, em algum ponto do processo, acreditavam que iam ser curadas, ou seja, estavam receptivas à cura do câncer.

A chave para qualquer tipo de cura — seja ela física, mental, emocional, espiritual, no trabalho e no afetivo — está na sua receptividade para se curar e sentir de verdade que será curado. Estar receptivo é a base para vencer a doença, pois nela se fundem o desejo de ser curado e a aceitação de estar curado.

Com todo respeito ao trabalho dos médicos, a cura não depende apenas deles, mas também do cliente estar receptivo à cura. Jesus Cristo sabiamente tinha consciência do poder da receptividade quando dizia aos seus seguidores que extraíam a cura: "Foi tu que te curaste."

19
SUGESTÃO

Todos são sugestionados

Sem sombra de dúvidas, o poder que mais influencia o modo de agir do ser humano é o da sugestão. Não sabe do que estou falando? Sabe quando você muda seu jeito de pensar e se comportar? Foi o dedo das influências sugestivas que promoveu tais mudanças.

Mudar de crença, hábito e opinião acontece pela influência consciente de uma escolha, decisão e vontade de ser sugestionado por alguma ideia, conceito e experiência de vida, como, por exemplo, quando a pessoa ouve as orientações de um terapeuta e resolve segui-las por livre e espontânea vontade e, com isso, muda sua forma de crer e enxergar a vida. Existe também a maneira inconsciente disso acontecer, quando a pessoa em transe e desacordada não percebe que é sugestionada, como acontece na hipnose.

No entanto, a sugestão torna-se realmente efetiva, ou seja, produz mudanças na vida do sugestionado quando ele está consciente. Durante uma sessão de terapia, quando o cliente fica acordado e atento ao que pensa e fala o terapeuta, ele pode refletir e compreender as sugestões de modo a absorvê-las.

Entretanto, o ato de ser sugestionado não é desorganizado. Existem nele três processos de estruturação transformadora que promovem a sugestão: dar importância, se identificar e se impressionar.

Não há um ser humano neste planeta que não seja sugestionado e siga pelo menos um dos três processos ou todos eles. Ora o indivíduo dá importância a uma crença religiosa, ora se identifica com o que a família quer, ora se impressiona com os ensinamentos dos professores, ora com as notícias negativas veiculadas pela mídia. Enfim, existem várias maneiras de ser sugestionado por algo ou por alguém, e certamente você está sendo sugestionado por alguma delas hoje.

A questão principal é: de que forma você vem direcionando a importância que dá às coisas, com o que tem se identificado e com o que tem se impressionado? Está se sugestionando com coisas boas ou ruins? Negativas ou positivas? Seja o que for, sua realidade será um reflexo das sugestões que absorve no seu dia a dia.

Autossugestão

Uma coisa é verdade: se você pode ser sugestionado pelos outros, pela cultura, pelos costumes e pela moralidade humana, pode ser sugestionado também na intenção de eliciar sentimentos convictos, que criem em sua vida aquilo que mais anseia. Não entendeu?

A coisa funciona assim: se você não gostou de uma crença, uma forma-pensamento, um hábito ou uma atitude sua, você não precisa aceitar nada disso. Só o que tem a fazer é jogar fora o que não quer e se sugestionar em relação a uma crença, a um pensamento, a um sentimento e a uma atitude que lhe faça bem.

Por exemplo, a pessoa que crê no medo do futuro e, por causa disso, fica com medo de fracassar, de morar em baixo da ponte e de não dar conta do recado, leva uma vida atormentada e em sofrimento pelo medo, o que lhe gera um tremendo mal-estar físico.

Então, eu lhe pergunto: para quê cultivar uma crença que suscita o medo em você e o faz sentir-se mal, se você pode se autossugestionar a ter uma crença estruturada pela confiança no bem, que, além lhe proporcionar um sentimento de paz e tranquilidade, vai lhe conferir também bem-estar?

Para tanto, aqui vão algumas dicas de como usar bem os processos de autossugestão: dê importância às suas qualidades e aos seus talentos, se identifique com o sucesso dos outros como se fosse um sinal do seu sucesso e se impressione com o fato de que você é muito capaz e dá conta do recado para o que der e vier.

Autossugestione-se pela confiança no bem!

Puxe no corpo e sinta

Em se tratando de autossugestão, "vou direto na jugular" e sem rodeios realizo a mudança interior necessária que me leve direto aos anseios de minha alma. A mudança se dá por três técnicas:

sinta, em primeiro lugar, que o que você anseia está acontecendo agora e que tal anseio "já é".

Por exemplo: se a pessoa anseia ter sucesso naquilo que faz, ela deve sentir que já está no sucesso, que já é um sucesso. E por que é importante sentir o sucesso agora? Porque aquele que joga "amanhã terei sucesso", nunca o terá, porque ele sempre estará no amanhã, nunca no hoje. Então, diga: "Sou uma pessoa de sucesso!".

A segunda técnica é: ignore a voz negativa que ecoa em sua mente. Se porventura aparecer algum pensamento contrário em sua mente, um pensamento de que você não merece o sucesso, ignore-o. Em hipótese alguma entre no pessimismo. Mantenha-se firme na sensação do seu sucesso e sinta-se merecedor dele.

E, por fim, a terceira: imprima as sensações no corpo. Neste instante, algo muito prazeroso vai acontecer por você sentir o sucesso pulsando em seu corpo. Provavelmente, um ânimo e uma alegria contagiantes vão ser suscitados em você. Aproveite essas sensações e as imprima em seu corpo físico. Não se trata apenas de se autossugestionar com pensamentos positivos, mas sim de sentir a sugestão imaginada na veia.

Quando imprimimos no corpo a sensação da autossugestão, a magia daquilo que ansiamos vem com muita força, pois o corpo é real e concreto, e isso faz a energia da autossugestão do sucesso vibrar no plano físico da matéria para se tornar real. As sensações físicas e o corpo são apenas um portal para a autossugestão se realizar.

Isso já será o suficiente para que as energias e o Universo comecem a magnetizar as situações para levá-lo ao sucesso. É relevante citar que o sucesso mencionado foi só um exemplo. Você pode usar o poder da autossugestão em qualquer âmbito de sua vida: relacionamento, saúde, família, trabalho, projetos, enfim, o poder é seu.

20
PERCEPÇÃO

O desperto

Um poder essencial, que divide tolos de sábios, é o da percepção, que abre os olhos de quem está desacordado e descortina o véu da ilusão, da mentira e da alienação. Com esse poder, enxergamos por trás da visão turva e opaca que distorce a realidade. Todavia, a grande maioria das pessoas se encontra em um estado não desperto de consciência, vivendo como se estivesse dormindo. São como sonâmbulos existenciais, que se colocam encapsulados na mais completa cegueira e ignorância.

O ponto de impacto da dormência humana chega a beirar o absurdo. Vemos pessoas adormecidas e cegas sendo orientadas por pastores, padres, psicólogos e psiquiatras, que não se conhecem por dentro. São como copos vazios pedindo água a quem tem também o copo vazio. Essas pessoas nada podem fazer para matar sua sede de autoconhecimento. Esses orientadores e conselheiros podem até ajudá-lo a ser mais produtivo e eficiente para atender às demandas sociais, mas nada saberão sobre seu mundo interior.

É por essas e outras que o mundo está cheio de gente desorientada, confusa e perdida. Então, eu lhe pergunto: como você pode ajudar o outro a se orientar em vida se você não se conhece por dentro? Como alguém que não está desperto pode ajudar os que estão dormindo?

Por isso, a solução está no despertar para seu mundo interior por meio do autoconhecimento sob o prisma da espiritualidade. Puxe sua vontade de se conhecer por dentro. Mergulhe em si e, então, quando se conhecer sob a luz da espiritualidade, estará tão desperto para si e para a vida que se tornará seu próprio terapeuta.

Descortinando o véu da distorção

A ideia que o ensinaram sobre o bem e mal não pode ser compreendida de forma coletiva, como a moralidade do senso comum e a religiosa o fazem. É preciso que cada indivíduo sinta isso na pele por meio dos sentimentos e das sensações vividas de momento a momento.

É preciso elucidar, no entanto, que o que pode ser "do bem" para mim, pode ser "do mal" para o outro e vice-versa. O dinheiro é um ótimo exemplo disso. A crença religiosa cristã afirma que o dinheiro leva o ser humano ao mau caminho — logo, é inserida nas pessoas a ideia de que o dinheiro pertence ao mal e ao Diabo — e chega a distorcer pregando que só os humildes alcançarão o reino de Deus.

E tendo em vista que na sociedade a ideia de humildade vem de pobreza, as pessoas passaram a acreditar que o pobre vai para o céu e o rico vai para o inferno, colocando, assim, o dinheiro como um inimigo da humanidade.

No entanto, usado com inteligência, o dinheiro se torna um instrumento maravilhoso para fomentar sua liberdade de ir e vir, para você comprar coisas que o realizem, para que consiga viajar e conhecer culturas, para lhe trazer conforto e aconchego e, acima de tudo, para lhe produzir um tremendo bem-estar.

Por essa razão, não se deixe influenciar por crenças que lhe impõem uma falsa impressão. Tire suas conclusões mediante a experiência com tal coisa, pessoa ou situação.

Tudo depende do seu olhar

Você já ouviu a frase: "Na vida nada é; tudo depende dos olhos de quem vê"? Nessa frase se destaca a qualidade intrínseca do poder da percepção. Os ditos donos da verdade e do saber querem impor como é sua verdade, lhe dizendo o que é certo e errado a se fazer, contudo, sua verdade não vem da opinião ou da experiência de vida dos outros, mas sim de sua própria experiência de vida.

Não adianta o outro falar que a fruta carambola é azeda; você terá de experimentá-la para sentir se é azeda ou não.

A mesma coisa acontece quando você quer abrir um negócio, e um parente lhe diz que você não deveria fazê-lo porque não dá dinheiro. Ninguém sabe como será seu negócio e muito menos se ele dará certo ou errado. Só você saberá por meio do seu olhar e vivendo a experiência no dia a dia.

Por isso, salve e guarde: "A riqueza e a pobreza estão nos olhos de quem vê. O sucesso e o fracasso também".

Por isso, quando você julgar que uma pessoa é inteligente ou burra, bonita ou feia, ou que uma situação será fácil ou difícil, são seus olhos que estão enxergando e seu juízo de valor que está julgando. Aquilo que você julga ser feio ou difícil de fazer para os outros pode ser bonito e fácil de realizar.

Portanto, tome muito cuidado ao julgar uma situação, uma experiência ou uma pessoa, pois tudo depende do olhar de quem vê. Deste modo, você só saberá de fato se viver na pele a experiência. Você não tem poder para saber a verdade do outro, mas tem poder para saber sobre sua verdade interior!

Bullying

O ato de insultar, caçoar, criticar e discriminar ganhou sua credencial na sociedade pelo supervalorizado *bullying*. Uma das traduções do termo inglês *bully* é "valentão". Já a palavra *bullying* significa ameaçar, assustar, oprimir. Grosso modo, *bullying* é o valentão que oprime, intimida os outros.

Basicamente, aquele que se diz superior ataca o que se põe como inferior; o que se diz bonito ataca o que se sente feio; o popular ataca o *nerd*, que não é popular; o garanhão ataca o menino que é virgem e por aí vai. Tudo acontece nessa gangorra de altos e baixos.

Na verdade, a pessoa que pratica o *bullying* necessita encontrar um bode expiatório para intimidar e assim afirmar sua pretensa superioridade. No entanto, essa necessidade vem justamente da insegurança e do sentimento de inferioridade. Quando alguém ataca o outro, que é considerado inferior, isso acontece porque o indivíduo não quer encarar o "inferior" dentro de si. Quando algum valentão intimidador quiser pisar em você, saiba que ele não está vendo-o e, sim, vendo ele mesmo em você. O *bullying* é uma projeção. O intimidador projeta em seu bode expiatório o conteúdo que rejeita.

Portanto, se alguém tirou sarro de você, atribuindo-lhe adjetivos como feio, burro e fraco, lembre-se de que a pessoa que pratica o *bullying* só o faz para se sentir melhor consigo mesma. Não tem nada a ver com você.

Deste modo, o segredo para não se impressionar com o *bullying* está no intimidado não se identificar com as palavras e com os gestos do intimidador. O objetivo é tirar o poder de quem promove a intimidação a fim de invalidá-lo. Não se impactar e dar peso ao ato aniquila a força do *bullying*. Se todos que sofrem *bullying* fizerem isso, certamente, a prática entrará em extinção.

Enxergue sua grandiosidade

Ninguém é capaz de enxergar sua grandiosidade interior. Apenas você pode enxergá-la e sentir a pessoa gigante que é. Lembro-me de uma vez em que uma amiga se aproximou de mim e me perguntou: "Cristiano, você está triste? Você está tão quieto". Eu olhei para a moça e respondi calmamente: "Não estou triste". Depois, ergui meus ombros e levantei as palmas das mãos como quem diz: "É ela quem está triste e diz que sou eu".

Na verdade, eu estava me sentindo muito bem naquela hora. Estava quieto porque às vezes me dá vontade de ficar em silêncio, só isso.

De qualquer modo, a pessoa disse que eu estava triste, porque havia me sentado ao lado dela e não tinha puxado conversa. Meu silêncio a incomodou e, seguramente, puxou alguma tristeza e insatisfação de dentro da moça, o que pode se tratar de uma tristeza que vem à tona quando ela se sente ignorada pelos outros.

Esse exemplo revela que muitas pessoas não veem sua verdade interior quando olham para você. Elas projetam a verdade delas em você. Nem mesmo os indivíduos mais evoluídos espiritualmente e zen, que superaram a projeção que vem do ego, são hábeis para enxergar sua grandiosidade interior.

Por conta disso, afirmo-lhe que você é muito mais do que qualquer comentário ou elogio a seu respeito. Quando alguém fala de você, esse indivíduo não chega à unha do pé do seu Eu verdadeiro. O máximo que os outros podem enxergar em você se reflete no brilho dos seus olhos, em que o outro se mostra pequenininho no reflexo.

A opinião dos outros sobre você é minúscula perto do seu Eu verdadeiro. É por essas e outras que você não deve dar a mínima para elogios nem para depreciações. Não espere reconhecimento de ninguém.

É você quem tem de se conhecer por dentro para se deixar invadir por sua grandiosidade. Só você pode enxergar sua grandeza, pois é um gigante para você!

21
APROPRIAÇÃO

Aproprie-se do que faz

O poder da apropriação é taxativo como uma lei da natureza. Se deixar sua casa aberta, invasores poderão aparecer; se ficar fraco e vulnerável, será atacado por um vírus; e, se não fizer o que tem de fazer, outra pessoa fará em seu lugar.

Quando você tiver uma ideia genial e uma vontade louca de realizá-la, faça, pois do contrário outro fará em seu lugar. "O que é do homem o bicho não come" só vai até a primeira página, pois, se você dormir no ponto, outro bicho vai comer em seu lugar. Tendo isso em vista, aproprie-se do que faz e registre nos autos, pois deste modo estará protegido para concretizar seu feito.

Então, se você tem um empreendimento em mente, se tem planos para escrever um livro ou se está gostando de alguém que esteja solteiro ou solteira, aja agora, não espere, senão a ideia do seu empreendimento vai ficar para trás, outro autor vai escrever o conteúdo do seu livro e seu amor vai se casar com outra pessoa.

Não vacile! Aproprie-se de seus intentos agindo agora! Não espere mais! Quando o trem da oportunidade parar, embarque sem pensar duas vezes.

Força de domínio

A força de domínio é uma forma extremamente poderosa do poder da apropriação, útil para ajudá-lo a dominar a si mesmo e não apenas para ser um exímio motorista de carro ou um *expert* no computador. O domínio de si entra com a força para nutrir o bem-estar mental, emocional e físico, ou seja, para proteger sua integridade individual contra forças invasoras e exploradoras.

Em relação ao campo vital que cuida da saúde do corpo físico, temos o exemplo das células, que, movidas independentemente da nossa vontade, possuem a força de domínio para expulsar bactérias e vírus que desorganizam o sistema, causando doenças e infecções.

Vale destacar que a força de domínio também funciona no expurgo mental e emocional das forças negativas que lesam seu ser. Uma vez que a mente é a porta de entrada das energias que vêm do mundo, é essencial ficar atento e vigilante mentalmente para expulsar as energias daqueles que projetam negatividade e maldade em você. Desta maneira, seja um guardião vigilante da própria saúde.

Quando você tem vontade de cuidar e zelar do seu mundo interior, no momento em que surge alguém, cuja intenção é dominá-lo e controlá-lo, instantaneamente o poder de apropriação incita a força de domínio para que você se limpe das energias pesadas de vampiros que sugam sua energia. O ímpeto é o de botar para correr parasitas e sanguessugas que se colocam ao seu lado.

Não aceite mais ser usado como depósito de lixo de energias ruins das outras pessoas, que ficam jogando em você reclamações e pessimismo. E digo mais! Use sua força de domínio para expulsar pensamentos e emoções que lhe causem perturbação, preocupação e inquietação do mesmo jeito que uma vó expulsa com a vassoura os netinhos bagunceiros e barulhentos de sua cozinha. Você tem muita força!

Tomada de posse de si

Do mesmo jeito que o astronauta finca a bandeira na lua, finque a bandeira no seu ser e diga: "Eu pertenço a mim! Eu me aceito e me assumo como sou! Aqui dentro quem manda sou eu!". Fincar sua bandeira com convicção é praticar a tomada de posse de si.

Contudo, tomar posse de si estende-se a se posicionar na vida de forma firme e convicta. Bloquear pessoas mal-intencionadas e não permitir que a energia tóxica e venenosa de gente fofoqueira, falsa, invejosa, exploradora e corrupta arranque seu poder pessoal é tomada de posse!

Ao se apropriar de si, sua energia de preenchimento interior emana naturalmente o poder de produzir nos outros o respeito de não invadirem seu espaço. Alguém que seja zombeteiro, por exemplo, vai olhar para você e pensar: "Com esse aí não vou mexer". E digo mais! Ai de quem tiver a coragem de invadir seu pedaço! Você vai distribuir chicotada para expulsar o invasor na hora. Com toda essa energia de tomada de posse, você se preenche e se cerca de tal forma que se torna, verdadeiramente, dono de si.

Embora, em essência, todas as pessoas sejam donas de si, apenas quando fincam a bandeira da tomada de posse é que de fato se tornam donas de si. Caso contrário, as pessoas continuam querendo mandar nas outras, dizendo em que as outras têm de crer, como devem pensar, sentir, falar e o que devem fazer.

O problema de ser invadido, no entanto, não é o outro. O outro o invade porque você é "invadível" da mesma forma que o outro o respeita por você ser respeitável. A responsabilidade da tomada de posse de si é sua. Comece agora despertando sua consciência para a vontade de se apropriar e zelar por si mesmo.

Autoestima

O que é autoestima para você? É valorizar sua aparência, gostar do seu modo de ser, sentir bem-estar, ter saúde, ser confiante e seguro em suas atitudes, ter prosperidade no trabalho e bons relacionamentos? Concordo que tudo isso faz parte do conjunto da obra na autoestima, porém, nada disso funcionará se você não estiver de posse do seu poder da apropriação.

Mas o que de fato constitui o ato de apropriar-se de si? Como foi citado acima, força de domínio e tomada de posse são as medidas exatas para apropriação de si, contudo, nenhuma delas terá o efeito efetivo se você não se sentir com autoestima. E qual a base de sustentação da autoestima?

São duas as bases da autoestima: a primeira é a aceitação de sua aparência física e do seu jeito de ser — e isso inclui a aceitação de suas deficiências e habilidades — e a segunda é assumir-se no mundo do jeito que é e assumir seus talentos.

Uma pessoa de autoestima não só demonstra aos outros confiança e segurança muito sólidas, como também se mantém firme e não se abala quando alguém faz qualquer comentário maldoso ou crítica que deprecie sua imagem. Essa solidez, esse não se abalar com críticas e julgamentos se dão porque a pessoa aceita quem ela é e porque se assume sem medo de ser feliz.

Uma pessoa de autoestima não se põe para baixo quando a vida não sai como ela quer e não se afeta com elogios ou críticas. Quem tem autoestima sabe quem é de fato e descarta as opiniões a seu respeito.

Ter autoestima é ter o domínio da mente, tomar posse de si, se aceitar e se assumir e acima de tudo deixar a vaidade e o orgulho de ser o centro das atenções e se ligar em você, tornando-se, assim, seu próprio pilar de segurança, apoio e valoração.

22
TEMPERAMENTO

Temperamento x personalidade

As pessoas falam de personalidade, quando na verdade estão falando de temperamento e vice-versa. Mas, então, qual é a diferença entre temperamento e personalidade? O temperamento é seu jeito de ser genuíno e verdadeiro. Você é do tipo que gosta de escutar, falar, ler, questionar, dançar, investigar, contar piadas ou cantar?

Seja qual for seu tipo, é aí onde seu temperamento se manifesta. Nele você guarda suas vontades e motivações. Aí eu lhe pergunto: o que o faz acordar pela manhã com vigor e ânimo? Viajar, passear, ter um projeto, empreender? É seu temperamento que vibra pela manhã. Gostos e preferências também residem nos confins do temperamento.

Por exemplo, há pessoas que gostam mais da noite, outras que gostam mais do dia. Há também os que gostam da chuva, de ir para montanha, de agito, os que gostam mais dos animais que de gente e por aí vai.

O temperamento não é algo que você aprende a ter durante a vida; ele já está em você, foi sendo construído ao longo de vidas passadas e o acompanhou quando você encarnou na Terra.

Portanto, além de ser exclusivo por exprimir sua individualidade legítima e incomparável, o temperamento é sua força, motivação e potência instintiva que não pode ser adulterada ou mexida, senão seu ser pode adoecer e morrer. Ele é o sagrado em você. A personalidade, por sua vez, representa apenas aspectos do Eu falso, que se personifica para se adaptar aos papéis influenciados pela sociedade.

Na Grécia antiga, os atores usavam máscaras, que eram chamadas de *persona*. *Sona* significa som, *persona* significa máscara; Som que vem por de trás das máscaras. Sim, o que você diz ser uma personalidade que o constitui como ser individual, é apenas um som que vem de trás de sua máscara. Nenhum talento ou habilidade que você possui vem de sua personalidade, mas sim do seu temperamento.

Diferente do temperamento, a personalidade pode ser mudada como mudamos uma máscara. Podemos adaptar a máscara de acordo com o ambiente em que vivemos. Podemos usar uma máscara de religioso, de político procurando votos, de aluno omisso ouvindo o professor falar, de esposa devotada ao marido, de empregado robô de uma fábrica, e por aí vai.

Sabe quando você é verdadeiro consigo mesmo e as pessoas dizem que você está sendo temperamental? E quando você mente, elas dizem que você está sendo falso e usando uma máscara? Ao tirar a máscara da personalidade, instantaneamente seu Eu verdadeiro aparece à luz.

Vislumbres do seu jeito de ser

Se você é daquelas pessoas que acumulam tantas máscaras a ponto de nem saber qual é seu verdadeiro jeito de ser, refresco sua memória trazendo-lhe a lembrança de como você é no momento em que está sozinho. Quando não há ninguém por perto, pelo menos uma fresta de você se mostra. Sozinho, você guarda as armas, tira a armadura e a máscara, descansando um pouco do ego. Talvez, você também seja livre, leve e solto ao lado de um cão ou de uma árvore, pois ambos não possuem ego, e, por isso, você não se sinta intimidado.

A máscara entra para fazer panca. Por medo de expor seu Eu verdadeiro, que é desvalorizado e inferiorizado, você usa máscaras para se proteger. Quando você está sozinho, a máscara cai e seu temperamento reaparece.

Aqui vai a pergunta mais indiscreta deste livro: o que você faz quando está sozinho no banheiro? Quando faz suas necessidades? Quando toma banho? Quando fica pelado em seu quarto? Seja qual for sua esquisitice, tenha certeza de que são vislumbres do seu jeito de ser autêntico. Quando você está íntimo de si mesmo, seu temperamento vem à tona. Posto isso, quebre as paredes que impedem a liberdade de ser você mesmo. Vá além de um quarto ou de um banheiro e expresse seu jeito verdadeiro.

Não estou dizendo que saia pelado e cantarolando rua afora, pois isso seria um surto de repressão do seu jeito de ser, o que é o oposto do que lhe proponho. Só lhe peço que seja simples e natural na frente das pessoas. Até hoje ninguém o conheceu. Nem mesmo seus familiares sabem quem você é, pois você sempre usou suas máscaras de maioral ou de vítima diante deles.

Liberte-se das grades da personalidade, que o faz ter de se adaptar aos outros, e deixe fluir seu jeito de ser ficando à vontade consigo mesmo. Mesmo que os outros se espantem com sua mudança pelo fato de você ter tirado a máscara, não importa.

O importante é você ter renascido para si! Você verá! Sua vida ganhará outro sabor!

Síndrome do pânico

Imagine uma mulher cujo temperamento é exuberante e comunicativo. E imagine também que ela tenha um marido ciumento, que começa a podá-la, criticá-la por seu jeito solto de ser e ameaçá-la com chantagens baratas, como pedir o divórcio se ela não mudar seu jeito. Para agradar o marido, ela, então, muda seu jeito, perdendo, assim, sua exuberância e seu lado falador.

Por conta disso, essa mulher se torna quieta e apagada. O marido fica feliz de vê-la desse jeito, mas, em contrapartida, a esposa começa a se entristecer. E o preço a pagar pela mudança sairá caro demais.

Dois meses depois de ter reprimido seu temperamento, a mulher, em pânico, começa a não sair mais de casa. Ela começa a colocar-se contra sua própria natureza, reprimindo os impulsos do seu temperamento ou substituindo seu jeito de ser por um tipo de personalidade refreadora, que causa síndrome do pânico, medos aterrorizantes e apreensões.

É a lei da vida: se você se volta contra sua natureza, sua natureza se volta contra você. Você pode ir contra todo mundo, mas não se coloque contra si mesmo.

A solução para o equilíbrio e para a dissolução do pânico é mais simples do que possa imaginar. Volte a ser quem você era antes da síndrome do pânico e resgate seu jeito de ser natural. E não importa o quê e quem você tenha de enfrentar para se recuperar.

Veja por esse lado: é melhor ser taxado de esquisito, estranho e louco do que ir contra seu temperamento e ter síndrome do pânico. Por isso, preserve seu temperamento e faça seus impulsos se lançarem rumo ao seu bem-estar e à sua felicidade.

Orientação sexual

Se acha que sua orientação sexual é sugestionada pelo ambiente ou pelo comportamento dos outros, você se enganou completamente. Sua preferência sexual vem do seu temperamento. Ser heterossexual, homossexual ou bissexual está embutido em nosso temperamento, que é algo que trazemos do plano astral, antes de nascermos, portanto, já nascemos com orientação sexual.

Por isso, os sinais da orientação sexual são notados desde a infância e por essa razão também não há problema algum em uma criança ser adotada e criada por um casal homoafetivo. A criança já tem seu temperamento e não vai se tornar homossexual por ter pais gays ou mães lésbicas. Se porventura a criança for homossexual e tiver pais homossexuais, sua sexualidade não se deu por influência, mas por causa das forças instintivas do temperamento, que já existiam nessa criança antes mesmo de ela encarnar na Terra. Isso não faz sentido, pois todo homossexual é filho de pais heterossexuais.

A sexualidade é assunto restrito ao poder do temperamento. Não queira mudar seu temperamento de homossexual para ser aceito na sociedade preconceituosa.

Mexer em seu temperamento vai causar danos terríveis à sua saúde física, psíquica e emocional, sem contar os conflitos de sua vida social. No temperamento sexual não se mexe, se assume!

23
FLEXIBILIDADE

Flexível como a árvore

A árvore, aparentemente, mostra-se com seu tronco duro e fixo no chão, mas não se engane, pois seu movimento é flexível. Com o vento, a árvore balança para os lados, para frente, para trás e faz isso sem rachar ou quebrar. Para arrancar uma árvore, é preciso usar um machado, uma serra ou é preciso que ela esteja podre. Se a árvore fosse inflexível, quebraria na primeira tempestade ou ventania.

Pelo ângulo da natureza, o ser humano também tem uma essência que o torna flexível, maleável, no entanto, por conta de uma série de crenças e hábitos absorvidos e aprendidos em sociedade, acaba se tornando endurecido e pétreo. E tudo o que é duro e rígido quebra ao envergar.

O ponto de impacto da dureza e rigidez encontra-se no indivíduo, que se move pelo orgulho de querer controlar a si mesmo, as pessoas e a vida. O controle é justamente o que vai contra o fluxo da vida, que é flexível, imprevisível e incontrolável. A solução para envergar as contrariedades sem quebrar está em ser flexível como a árvore.

Sendo assim, balance para trás quando tiver de refletir, elaborar e se desapegar de um assunto do passado, gingue para os lados a fim de ter jogo de cintura para lidar com os contratempos e incline-se para frente para ceder às mudanças e encarar o novo.

Flua como a água

É muito comum pessoas carregarem pedras de ofensa e de ressentimento para o momento presente. O que mais se vê são pessoas que ficam ruminando e multiplicando insultos e momentos ruins e expondo isso para os outros. Além de o ambiente ficar tóxico e carregado, quem ouve essas reclamações acaba se cansando e se afastando.

Não estou dizendo que, quando algo negativo acontecer em sua vida, você tenha de dar gargalhadas, mas sim usar o poder da flexibilidade para elaborar as situações de forma leve, branda e fluida, a fim de não colecionar as pedras da ofensa e do ressentimento que entopem seu fluxo de via. Até porque os outros dão o que podem dar e, às vezes, o que oferecem pode ser bem hostil e grosseiro.

A solução de ser flexível e fluido como a água está nas seguintes atitudes: se alguém lhe proferir uma ofensa, não a absorva! Se for uma calúnia, não se importe! Uma fofoca, não se identifique! Se acontecer alguma situação desagradável, não a incorpore! Se lhe fizerem algum mal, não se impressione!

Tire as pedras, e tudo que você almeja de bom fluirá em sua vida como água pura, limpa e cristalina.

Articulado

Sob a luz da metafísica moderna, o termo "articulado" ganhou a conotação de habilidade de dobrar-se diante das situações da vida. As articulações do corpo físico, como o joelho e o cotovelo, são a prova desse "dobrar-se". A liberdade de agachar-se, de agarrar coisas, de levantar-se e caminhar vêm dessas articulações.

Uma pessoa articulada é aquela capaz de dobrar-se diante das situações, mas o dobrar-se aqui não tem nada a ver com se ajoelhar perante os outros. Isso não é ser articulado, mas sim submisso e obediente. Para entender melhor o que é ser articulado, imagine um rapaz que tentou ajudar uma amiga, mas que acabou prejudicando-a. E o resultado disso? Ele passou a sentir-se culpado.

Como o rapaz não aceitou o que fez com a moça, sua postura tornou-se rígida e dura, gerando, assim, correntes que o prenderam ao ocorrido. Movido por uma pretensão cortante, o sujeito passou a nutrir a ideia de que podia ter evitado o que fez. Observe que a culpa é o reflexo de dureza e rigidez relacionadas a uma situação que a própria pessoa não aceita que causou.

Em outras palavras, a culpa enrijece o poder da flexibilidade e endurece a força que o indivíduo tem de ser articulado. Mas, então, como uma pessoa articulada lidaria com a situação de culpa?

Primeiro, se dobraria diante da situação, aceitando o que aconteceu, pois é justamente a não aceitação de algo o que provoca a culpa. Atendo-nos ao exemplo de culpa ilustrado acima, seja lá o que tenha ocorrido com a moça, o rapaz fez o que podia. Ter a consciência de que, naquele momento, não poderia ter feito melhor, pois se pudesse o teria feito, destrói completamente qualquer possibilidade de culpa.

Desta maneira, o articulado flui com leveza às situações sem qualquer corrente que o ligue com o passado. E aqui vai uma dica: tenha humildade para trocar as expressões "tinha de" e "devia ter" pela afirmação e aceitação do "é". Liberte-se das culpas!

Humildade sim, orgulho não

Existe coisa mais dura e rígida que um indivíduo orgulhoso? Ele observa os fatos, sabe que está errado, mas não dá o braço a torcer. A vida muda, as pessoas mudam, mas o orgulhoso, o teimoso, não se dá o direito de mostrar sua ignorância. A todo custo ele quer ser o dono da verdade e não suporta entrar em contradição, pois diz sempre a mesma coisa. Até mesmo quando a situação ganha outra versão, o indivíduo continua teimando que sua maneira de pensar é a correta.

O orgulhoso é tão teimoso que, mesmo quando percebe que errou, não admite isso para não se sentir diminuído diante do outro. Para o orgulhoso, cometer um erro diante de alguém é a morte.

O orgulho é usado pela pessoa para forçar uma superioridade, pois, no íntimo, ela sente-se inferior — e é por isso que ela tem a necessidade de ser a dona da verdade, de ser alguém que nunca erra.

O humilde é o oposto ao que age com orgulho. Para esse indivíduo, não há problema em entrar em contradição ou errar em público. Dizer que não entendeu algo e, por exemplo, fazer perguntas ao professor diante de toda a sala é algo que flui naturalmente. E se porventura os colegas rirem de sua pergunta, sua humilde flexibilidade não é afetada. Essa pessoa é até capaz de rir junto com a classe.

Seja por mudar de opinião ou por não compreender o que vê, o humilde é livre para aprimorar seu conhecimento e solto para viver experiências. O orgulhoso, por sua vez, acaba tendo medo de afirmar que não sabe algo, pois deseja mostrar que está sempre certo e que sabe tudo. Devido ao orgulho, esse indivíduo deixa de aprender muitas coisas, permanecendo estagnado no patamar da ignorância.

Sábio é aquele que, humildemente, está disposto a expor suas deficiências e virtudes aos outros em prol do próprio desenvolvimento.

24
INOCÊNCIA

Expresse seus sentimentos sem maldade

O indivíduo dotado de inocência é aquele cujos pensamentos e sentimentos não possuem qualquer maldade. A inocência tem tanta pureza, suavidade e bondade que, para preservá-la, você necessita se proteger de pessoas que adoram multiplicar o mal.

Contudo, como vivemos em uma cultura que nos orienta a carregar na bolsa um catálogo de todas as tonalidades do medo, a primeira coisa que perdemos é a inocência. Ficamos tão tomados pelo medo que acabamos vendo maldade em tudo. Tudo se torna ameaçador para nós. Até mesmo quando expressamos um gesto terno e meigo de carinho, isso é traduzido pela lente distorcida do mal. Um inocente abraço pode ser interpretado como algo perverso e malicioso.

Mesmo você, quando expressa afeto, pode colocar o ato com maldade, dizendo: "Vai que nesse abraço a pessoa acha que estou me insinuando sexualmente!".

Os homens têm muito disso ao expressar um sentimento a outro homem. "Se eu disser para meu professor ou a um amigo que o amo, ele vai achar que sou homossexual". Um sentimento puro, suave e bondoso de inocência é transformado, envenenado com impureza, pesar e maledicência! Dizer "eu te amo" com sinceridade não tem nada a ver com sexo, mas sim com a inocência de expressar afeição por alguém.

Eu fico imaginando quantos "eu te amo" ou "eu gosto de você" não são ditos por essa razão. Hoje, sua alma está carente de falar e ouvir "eu te amo" devido ao ato de atribuir maldade a algo que é fruto da bondade.

Não deixe de dizer a quem você ama ou gosta o que sente por ela. Não espere o amanhã para demonstrar que ama uma pessoa, pois amanhã pode ser tarde demais. E esteja também aberto para ouvir isso das pessoas. Não se preocupe como os outros vão traduzir suas palavras ou seus gestos de afeição e devoção, pois isso é reflexo de colocar maldade em tudo.

Expresse seus sentimentos de maneira aberta e pura, e sua inocência derreterá até mesmo um coração de pedra.

Eu lhe garanto que você vai amar o poder da inocência para expressar seus sentimentos com liberdade e sem qualquer maldade.

O retorno à inocência

Ser criança é muito bom. Elas brincam e se divertem sem se preocupar com o amanhã. Os pequenos, enquanto não são condicionados pelas regras e normas dos pais, da moral, da cultura e da religião, preservam sua inocência e pureza.

Os pequerruchos desfrutam de uma vida sem medo de serem felizes. Mas, então, entram os pais e outros adultos impondo-lhes regras e normas de moralidade, cultura e religiosidade. Saem a inocência e a pureza e entram o ego vaidoso e orgulhoso, carregando desejos e cobranças que a família e a sociedade como um todo distribuem gratuitamente.

Dessa forma, as crianças crescem e se tornam adultos independentes financeiramente, e agora os pais só vão à casa dos filhos para tomarem um cafezinho.

A criança alegre, dócil e bem-humorada, no entanto, dá lugar a um adulto deprimido, amargurado e mal-humorado. Antes, quando pequeno, esse indivíduo não levava nada a sério, mas agora faz drama com tudo. É como se tivesse vendido a inocência em troca da seriedade do adulto.

Aí eu lhe pergunto: de que adianta ser um adulto, que pode comprar o que quiser e fazer o que lhe der na telha sem precisar pedir autorização aos pais, se esse indivíduo perdeu a inocência de ver graça e encanto em tudo? Essa pessoa tem tantos brinquedos caros (carros, motos e aparelhos eletrônicos), contudo, não sabe brincar com eles. Tem a companhia de pessoas bacanas, mas não sabe desfrutar delas. Por que não juntar, então, os dois lados da moeda?

A criança que leva a vida numa boa e sem medo do amanhã e o adulto que tem responsabilidade de cuidar de si mesmo e maturidade para tomar suas próprias decisões? Como? Retornando à inocência.

Tire a maldade das regras cheias de imposições, arranque os medos e as cobranças "do tem que ser alguém" e puxe a inocência de não levar as coisas tão a sério. De que forma? Pegando leve nas coisas, gargalhando, usufruindo do dinheiro que conquistou sem precisar pensar no futuro e sujando-se de tanto viver sem se preocupar com o falatório alheio.

O retorno à inocência é o círculo completo da vida: criança, passagem pelo ego, adulto e, por fim, quebra do ego pelo retorno do adulto com coração de criança. Retorne à sua espontaneidade e alegria de viver!

Seja espontâneo

Existe uma enorme sutileza que faz o poder da inocência ser a magia que encanta as pessoas: a espontaneidade. Ser espontâneo não é apenas ser você mesmo, sem armaduras ou máscaras; é acima de tudo exercitar sua inocência. As crianças expressam muito bem sua espontaneidade por habitarem puramente em sua inocência.

A espontaneidade é isenta de qualquer maldade. Se uma pessoa começa a entrar na vaidade de querer fazer pose e fingir para o outro o que não é, instantaneamente, ela perde a espontaneidade. Para a espontaneidade aflorar, é preciso deixá-la sair em qualquer ocasião e situação.

Por isso, é importantíssimo não reprimir seu jeito de ser, não se obrigar nem se forçar a nada que não seja natural em você. Deixe vir à tona seu verdadeiro ser. Se você estiver irritado e não quiser conversar com ninguém, deixe-se ficar irritado e não converse com ninguém. Se quiser expressar seu bom humor, expresse-o. Se quiser chorar ou rir, chore ou ria.

Permita-se fluir naturalmente, mesmo que a cada dia você apresente um humor diferente. Não se preocupe com a opinião alheia e, tampouco, queira controlar suas emoções e seus sentimentos pelo medo de se expor, pois isso mata sua espontaneidade e aniquila sua inocência.

Não tenha medo de errar nem queira acertar. Se fizer isso, encontrará o ponto central da espontaneidade.

25
CONFIANÇA

Confiança x fé

É importante esclarecer que uma coisa é ter fé, outra é ter confiança. Ouço muitas pessoas que se dizem espiritualizadas pedindo às pessoas que tenham fé em Jesus, fé em Buda, fé que as coisas vão melhorar e fé que tudo vai dar certo.

Essas pessoas vendem a ideia de que a fé é algo que pode ajudá-las muito, mas a fé não pode nos ajudar, pelo menos do jeito que gostaríamos, pois ela é cega, surda e muda.

Tenha ciência de que sua fé necessita ser expressada em coisas que você acredita mas não tem certeza de sua existência ou que pelo menos acredita que exista, como por exemplo, a fé no Deus de sua religião. Ninguém tem a prova concreta de que Deus exista, mas tem fé nEle.

Alguém de fato já viu Deus? Para a fé, não são necessárias provas da existência dEle. Acredita-se em Deus e pronto! Para quem tem fé não importa se está se iludindo ou se enganando. Por ser "cega", a pessoa com fé se encontra na escuridão, tateando à procura de tomadas que não existem.

É por isso que na fé a pessoa fica parada, rezando, orando e esperando por algo que não vai chegar, na esperança de que alguma força sobrenatural aperte o botão da tomada e acenda uma luz que alivie o sofrimento e a dor.

A fé é assim mesmo. Nutre expectativas e acaba levando as pessoas à frustração. Quando a pessoa sente que sua espera é permanente, que sua esperança nunca chega, e se sente decepcionada por sua expectativa não se realizar, ela sente sua fé ruir.

Por outro lado, não dá mesmo para ter fé em algo que é enxergado e cuja existência é comprovada. Você já ouviu alguém falar que tem fé de que o dia nascerá amanhã? Ou, de que a noite surgirá? Você tem provas suficientes de que o amanhã surgirá e, se não for para você, será para os que ficarão na Terra.

A confiança, no entanto, é totalmente diferente da fé. O ato de confiar é estar "com-fio" em algo ou, se preferir, ligado a algo por um fio. Por exemplo, uma pessoa confia que aprenderá a falar inglês fluentemente. Esse fio liga a luz da confiança para estudar inglês e dia após dia sentir o avanço de nível.

Depois de meses praticando e investindo tempo nisso, a pessoa olha para trás e se vê falando inglês com confiança. Quando plugamos o fio da confiança, ligamos a luz da convicção de que tal coisa se tornará real e, de fato, ela se torna real.

Por isso, eu o convido a investir em algo concreto e efetivo, como a confiança em si mesmo, em vez de investir na fé "invisual", inaudível e afônica. Faça uma ligação do fio em todas as coisas boas que almeja para si e tenha plena convicção de que você é uma pessoa na qual vale muito a pena investir e em que confiar.

Quem espera fica na esperança

Quem espera sempre alcança? Nada disso! Quem espera... sempre espera! O esperançoso é aquele que vive esperando que algo aconteça. Desde pequeno, você ouve de seus pais e das pessoas em geral que ter esperança é bom. Pois não é. A esperança faz uma coisa terrível ao ser humano.

Além de fazê-lo nutrir a fé e esperar que aquilo que ele deseja um dia acontecerá, provê um monstro que aos poucos vai minando sua alegria e vontade de viver. Esse monstro é a expectativa.

O esperançoso sustenta sua esperança por meio da expectativa que cria em relação ao que deseja. Nessa expectativa, ele estabelece ilusões acerca dos desejos que molda em sua cabeça e começa a idealizar que a coisa será perfeita e maravilhosa quando acontecer. Temos como exemplo a moça que cria a expectativa de que encontrará um príncipe encantado e cheio do dinheiro, mas lhe aparece um rapaz barrigudo, com chulé e pobre.

Devido às expectativas que ela sustentou, o que acontecerá com essa moça idealizadora? Além de se decepcionar com o homem barrigudo real, ela continuará a nutrir a esperança de que um príncipe encantado chegará em um cavalo branco. Essa moça acabará ficando solteira, pois, em todas as vezes que um homem aparecer, ela irá compará-lo com o ideal de príncipe encantado. E é claro que o ideal de perfeição contamina o real, que, na cabeça do esperançoso, está envolto por "deformidades".

É por essa razão que a esperança é um ópio que vicia. É o veneno da esperança que alimenta a expectativa e torna o real ruim e desprovido de prazer. E o real não é ruim; ele é o que é: perfeito em sua imperfeição. O real sempre vencerá a expectativa e triunfará sobre o ideal. O problema todo reside na esperança.

A solução está em parar de alimentar a esperança, não criar mais expectativas e começar a olhar para o real. Ao encarar a vida com os olhos do real, o que era ruim, comparado com o ideal, se torna bom, por não haver mais comparação com as expectativas geradas.

Ver o lado bom da vida é uma arte desenvolvida por quem tem habilidade de não criar esperança, expectativas nem viver no plano dos ideais. É usufruir aquilo que o real da vida lhe trouxer em vez de esperar que o ideal aconteça.

Segurança

Ter segurança no mundo e nas pessoas não é possível, pois tudo que está fora é imprevisível. Ninguém sabe que tipo de comportamento o outro terá ou o que, em determinada situação, acontecerá. Tudo o que está fora gera insegurança, pois a vida é efêmera. Os recursos materiais podem se esgotar, e as pessoas podem ir embora de sua vida.

Devido à imprevisibilidade e à impossibilidade de controlar as coisas, por ser inevitável a insegurança exterior é algo que faz parte de nossa vida. E aceitar isso nos proporciona paz.

O sujeito inseguro é aquele que se apoia nos outros, nas coisas materiais, no dinheiro, ou seja, que se apoia no que vem de fora. Mas, ao se apoiar em algo que pode cair, o indivíduo cai junto e, por isso, surge a insegurança.

Uma vez que só existe uma certeza nesta vida, que é a de que você, por ser eterno, será seu para sempre, a verdadeira segurança só pode ser vivida dentro de você. Portanto, só quem se segura em si mesmo está realmente seguro. E de que forma me torno uma pessoa segura? A autoconfiança é a via que nos leva a estarmos seguros com nós mesmos.

Uma pessoa apenas se torna autoconfiante e segura quando se conhece por dentro, sabe administrar com inteligência suas emoções, conhece os próprios limites, deficiências, reconhece as próprias qualidades e se garante em relação à sua autoestima. Quando você se segura em si, tudo ao seu redor pode desmoronar, mas você não cai!

26
MEDIUNIDADE

A mediunidade é um talento

Mediunidade é um intercâmbio entre o plano invisível e o plano visível ou um processo de comunicação entre o plano astral de diversos níveis — sendo eles inferior e superior — com o plano terreno. Pela mediunidade abre-se o canal para conversar com os seres desencarnados, com aqueles que já se foram. Essa troca entre seres encarnados e seres desencarnados já existe há muito tempo.

Por meio do aparelho mental, dos sistemas extrassensórios e físico, o médium pode ser um canal para que o ser do outro lado se comunique com este mundo.

Apesar de a mediunidade ser um processo antigo, existe ainda um grande tabu e preconceito que rodeiam a figura do médium. No entanto, preciso lhe dizer que a habilidade de entrar em contato com o mundo astral e espiritual, funcionando como um canal de mensagens do outro lado com este mundo, é um fenômeno tão natural como qualquer outro talento que o ser humano possa ter.

Por exemplo: compor uma bela melodia, cozinhar um prato saboroso, escrever uma poesia e pintar um quadro têm o mesmo peso de ser um médium que canaliza guias espirituais.

Ser médium é um talento como qualquer outro talento humano, o que desconstrói a imagem de que a mediunidade é algo superior e sagrado ou inferior e demonizado. Ou seja, a mediunidade é um fenômeno natural e humano, caso contrário, não existiriam tantos relatos de mediunidade na humanidade.

Por se tratar de um talento natural, um médium em potencial que, por alguma razão não desenvolve o canal mediúnico, vai enfrentar dificuldades.

Afinal de contas, não utilizar um dom natural é negar a si mesmo. Ao se tratar de um impulso de energia que necessita ser manifestado, segurá-lo, por medo ou preconceito, pode ocasionar ao indivíduo problemas graves como distúrbios psicológicos e alucinações, morbidez emocional e disfunção fisiológica etc. Seu fluxo de energia necessita ser manifestado e liberado.

Ao colocar a mediunidade em prática, o médium pode aprender a lidar com seu talento a fim de aprimorá-lo e usá-lo de maneira equilibrada, fluida e cada vez mais sensitiva.

Desmistificando a mediunidade

O médium não é necessariamente uma pessoa de nível de consciência elevada e emocional equilibrado. Ouço muitas pessoas dizerem que os médiuns são seres de luz que recebem seres espirituais iluminados. Embora isso aconteça, existem também médiuns de baixa vibração, cheios de conflitos, sofrimento, maldade que recebem seres desencarnados na mesma sintonia.

O que determina se o médium vai canalizar seres de luz ou das trevas é seu nível de consciência, as energias quem vêm das forças inconscientes ou sombra e seu lado luz consciente, dos quais emanará uma energia de atração e afinidade com tal ser desencarnado ou entidade do astral.

Em outras palavras, um médium, cuja energia é pesada e tóxica, que seja cheio de ideias malévolas e que apresenta uma vibração mais densa e mórbida, vai magnetizar seres trevosos, umbralinos e do astral baixo e inferior. Um médium que, por exemplo, nutre em si a discórdia e a vingança vai atrair seres, entidades e espíritos que gostam de promover discórdia e vingança.

Por outro lado, um médium cujo nível de consciência é expansivo, de emocional sereno e de lucidez profunda vai magnetizar seres de luz que trazem consigo leveza e bem-estar. Conhecemos o estado emocional de um médium pelo tipo de ser que ele recebe.

Logo, um médium ligado às forças das trevas atrai espíritos das trevas, e um médium integrado à luz atrai espíritos de luz. Simples assim!

Não ignore o bicho-papão

Você já vem do plano astral e nasce na Terra com o dom da mediunidade, que já aparece com muita intensidade na infância. Em vista disso, quando uma criança disser que está vendo um amigo invisível ou o bicho-papão, não a ignore, não diga que não foi nada ou que foi um pesadelo ou sonho, porque não foi.

Para a criança, a imagem foi real, e aqui fica um pedido para os pais que não acreditam na visita dos seres do mundo invisível: não levem seus filhos ao psiquiatra, que vai entupi-los de remédio, nem aos psicanalistas, que encaram a mediunidade como alucinação.

Leve-os a um médium competente e respeitado que entende de mediunidade e que vai levar a sério os seres invisíveis que a criança está enxergando.

O médium irá orientar os pais para ajudar a criança a lidar com esse grande poder de maneira equilibrada. Saiba que, no futuro, a saúde, a felicidade e todas as coisas boas que os pais querem para seus filhos dependerão de como a criança administrará sua mediunidade de forma a favorecer sua vida no plano terreno.

Todo mundo é médium

Tenho plena convicção de que todas as pessoas são médiuns. Cada ser humano possui sua forma particular de sentir e expressar sua mediunidade. O médium, além de ser dotado de uma grande sensibilidade extrassensorial, possui uma abertura forte para o sexto sentido. Nessa junção entre hipersensibilidade e percepção aguçada, ele abre a consciência para outros níveis além do plano material.

Conhecido como o "terceiro olho", o sexto sentido traz a clarividência pelo enxergar do além-físico. A mediunidade intensifica as sensações corpóreas que se expandem para captar as energias das pessoas encarnadas e desencarnadas. Tudo fica mais intenso quando o médium está recebendo um espírito desencarnado.

A habilidade mediúnica é dividida em: visual, quando a pessoa é capaz de ver espíritos; auditiva, quando o médium pode escutá-los e escutar os sons do mundo espiritual; olfativa, quando o médium sente aromas do além; tato, quando a pessoa sente a presença quente ou fria de seres do astral ou de fantasmas.

A habilidade mediúnica também está no corpo todo, quando o indivíduo incorpora e o espírito se manifesta pela pessoa. Isso acontece, por exemplo, no ato de movimentar o corpo do médium para fazer palestra, dar passes, psicografar, pintar, dançar, cantar etc.

Para saber qual é sua mediunidade, preste atenção a seu corpo e perceba, por meio de seus sentidos, qual ou quais são os sentidos mais aflorados e aguçados em você.

Não se alarme se não conseguir sentir sua habilidade extrassensorial inicialmente. Você passou anos ignorando o poder da mediunidade em si, e serão necessários tempo, prática e orientação para ele despertar com força.

Antena mediúnica

Existe uma antena no seu corpo físico, que é sua porta de entrada à conexão com os guias espirituais que querem ajudá-lo nesta vida. Essa antena pode estar localizada em um ponto ou em vários pontos do seu corpo e pode ser seus olhos, seus ouvidos, sua pele ou estar no peito, em que habita a alma etc.

A dica é a seguinte: sua antena vibra quando recebe inspiração dos guias espirituais e do Universo como um todo. Encontre seu silêncio, sinta seu corpo pulsar, puxe o poder da mediunidade e sinta a vibração de sua antena em algum ponto do corpo.

Minha antena está nos olhos. Todas as vezes em que um espírito se comunica comigo, meus olhos vibram. Com certeza você tem sua antena!

27
ENERGIA

Tudo é energia!

Se escrevermos uma lista com o que mais as pessoas desejam ou sonham em suas vidas, certamente encontraremos: ter dinheiro no bolso, encontrar um amor, ter saúde, emagrecer, conquistar sucesso no trabalho e ser feliz, não necessariamente nessa ordem.

No entanto, para todas essas questões surge uma pergunta que não quer calar: por que algumas pessoas atingem seus sonhos e objetivos e outras não? Esses indivíduos fazem de tudo para realizar seu sonho, mas vivem apenas na esfera da idealização.

Há aqueles que passam a vida toda tentando realizar um desses objetivos ou até todos eles, contudo, a realidade vivida é oposta à idealizada. Chegam a rezar, fazer promessas, rituais e até ocupar o tempo integralmente na busca de suas metas, mas, mesmo assim, nada se concretiza.

Por outro lado, há pessoas que tudo almejam conquistar e que materializam o que almejam. Por exemplo, no quesito financeiro há os que perseguem a riqueza a qualquer custo, contudo, tudo o que conseguem é aumentar a própria pobreza. Como exemplo disso, temos o sujeito que investe dinheiro em um pequeno negócio e que em poucos meses vai à falência.

Em contrapartida, existem aquelas pessoas cujo objetivo não é acumular dinheiro, mas que mesmo assim conquistam a riqueza material com facilidade. São pessoas que abrem um negócio e em menos de seis meses recebem o dobro do dinheiro investido. Na saúde, há aqueles que fazem de tudo para não ficarem doentes, que fazem *checkup* regularmente, mantêm uma alimentação saudável e balanceada, não fumam, não bebem, fazem exercícios, mas mesmo assim ficam doentes. Outros, por sua vez, que não se preocupam tanto com a saúde nem resfriado pegam.

Há os que conjecturam dizendo que só quem for predestinado consegue ser bem-sucedido. Como se diz no popular: "A pessoa nasceu com uma estrela; nasceu para ter sucesso". Isso quer dizer que, se você não alcançou sucesso, realização ou felicidade é porque não estava escrito para ser assim.

É o famoso: "Não nasci para ser feliz". Há os que acreditam que tudo é uma questão de sorte ou azar. Já os mais religiosos creem que tudo acontece por meio da fé em Deus. Se algo acontece, dizem que foi Deus quem fez.

E, se algo não acontece, dizem que foi Deus quem quis assim. Se o segredo para ter saúde, bons relacionamentos, dinheiro e realização no trabalho não vem do ato de trabalhar dia a dia, de crer em Deus, de predestinação ou sorte, vem do quê, então?

A resposta resume-se a três palavrinhas: tudo é energia! Energia esta que é emanada do seu ser como um todo e que o faz materializar em sua vida sucesso ou fracasso, graça ou desgraça, encontrar um grande amor ou um estrupício, ficar rico ou ser pobre, ter saúde ou ficar doente.

Então, eu lhe pergunto: como está sua realidade agora? Saiba que ela é reflexo de sua energia interior e é fruto das crenças que você absorve, dos pensamentos que cultiva, dos hábitos que fortalece, dos sentimentos profundos que nutre e das atitudes que manifesta. Em outras palavras, você é responsável pelo modo como sua energia vai atrair as coisas em sua vida.

Conscientemente ou não, é você quem governa seu mundo interior. Você pode ser uma criança ou um adulto, ser ateu, um religioso fervoroso, um materialista do tipo marxista, ser pagão e espiritualista, ser um empresário e até um mendigo andarilho, mas nada disso importa, pois é a energia emanada por cada um de nós que cria nossa realidade.

O que vai determinar uma vida repleta de riqueza, saúde, sucesso e felicidade é a nossa energia.

Não existe vítima nem coitado

Qual é a primeira coisa que a maioria das pessoas faz quando algo não sai como o esperado, ou quando a tragédia e o sofrimento acontecem na vida desses indivíduos? Colocam-se como vítimas e coitados.

Se a pessoa é roubada, a primeira pergunta que faz é: "O que fiz para merecer isso? Só pode ser castigo! Quanta injustiça!". Inevitavelmente, quem se coloca como vítima senta-se no banco do coitado vitimado.

Preciso, então, lhe abrir os olhos para o fato de que não há nada que passe nesta vida que seja "fruto do acaso" ou que não tenha motivo. O poder da energia em você lhe concebe a possibilidade de materializar os eventos e as situações de sua vida de acordo com sua energia interior. Isso vale para qualquer ser humano neste planeta, sem exceção.

Traduzindo, por exemplo, a questão do roubo pelo prisma do poder da energia, saiba que uma pessoa só será roubada se for roubável. Ou seja, ela mesma magnetiza o ladrão.

E como essa pessoa o atrai? O ladrão não apenas lhe rouba algo material, como também suscita no indivíduo a sensação de ter sido invadido. A pessoa roubável já tem dentro de si a sensação de ter sido invadida por algo ou por alguém antes mesmo do roubo acontecer.

Deste modo, o indivíduo que possua uma energia roubável vai materializar situações reais e concretas que refletem a sensação de invasão.

Como exemplo, temos a seguinte situação: alguém critica seu jeito bem-humorado de ser, e você, por sua vez, fica chocado com a crítica a ponto de se impressionar e perder seu jeito bem-humorado. Isso acontece porque o impacto da crítica lhe trouxe a sensação de que algo valioso foi roubado. E de fato foi, pois o bom humor vale ouro.

Nesse ínterim de ter perdido o bom humor por causa da crítica, a energia da pessoa "puxou" o ladrão, que lhe roubou algo que também é valioso: o carro. A solução para não ser roubável é simples: não se afete com qualquer crítica e falatório a seu respeito e mantenha-se firme! Lembre-se de que você não é vítima de nada de ruim que aconteça em sua vida nem coitado. O poder da energia lhe dá a força para mudar sua energia e mudar seu destino.

28
CORAGEM

Coragem para ser você mesmo

É difícil encontrar uma pessoa autêntica hoje em dia. A coisa está mais para "seja igual ao outro" do que "seja você mesmo". É preciso ter muita coragem para andar na contramão da sociedade e ficar do lado de sua alma legítima.

As pessoas que aderem aos padrões de comportamento, consumo, moda e tendências da sociedade ganham aplausos e elogios, e os que seguem a individualidade autêntica e abdicam do modismo coletivo são criticados e vaiados. Vende-se a ideia de "seja você mesmo", mas o mercado de consumo não quer que você seja quem é. Ele quer que você seja o que os outros compram, usam, consomem etc.

Para o mundo dos negócios, individualidade não dá dinheiro. O que enche os cofres é a coletividade, que pensa e age igual para consumir em massa um determinado produto. O jeito de pensar, sentir, falar e agir da maioria das pessoas se tornou uma reprodução do coletivo. Se esse for seu caso, isso significa que neste exato momento você pode estar vivendo do jeito que sua família, sua religião e a sociedade querem que você viva e não do jeito que sua alma e seu ser interior anseiam. É muito fácil descobrir se deixou de ser quem é para ser o que os outros querem que você seja.

Vou lhe fazer três perguntas: você está vivendo sem prazer? Sente-se com tédio e desanimado? Perdeu a alegria de viver? Se sim, então pode apostar que está vivendo do jeito que os outros querem que viva e o pior: que o sistema da sociedade o dominou.

Aqui cabe um alerta: você não é vítima da família, da religião e da sociedade, pois foi você quem permitiu esvaziar seu ser, colocando o conteúdo dos outros em si.

Não sei se você sabe que poderia ter dito não e renunciado à perda de sua alma, do prazer e do ânimo de viver. O que lhe faltou para ter preservado sua integridade legítima e autêntica?

A resposta é uma só: coragem! Mas coragem para quê? Para ficar inteiramente do seu lado e não vender sua alma por nada. Coragem para não mudar seu jeito de ser e para manter-se leal e fiel a si mesmo. Coragem para ser legítimo no modo de pensar, falar, sentir e agir.

No geral, é preciso ter coragem para ser você mesmo, até quando os outros estão contra!

Medo

O maior repressor da coragem é o medo. É preciso esclarecer que o medo, como muitos acreditam, não é uma emoção nem um sentimento. Quando surge um frio na espinha, não é o medo propriamente dito o que você sente, mas sim o que ele provoca: tensão, aflição, tontura, vertigem, pânico e todas as sensações corporais, como taquicardia, dilatação na pupila, sudorese, náusea, frio na barriga, arrepio na nuca etc.

O medo é cultural. Ele é produto de uma cultura, logo pode ser ensinado e aprendido. Os índios xamãs e até mesmo o índio no Brasil são a prova disso. Eles não tinham medo e, por isso, não eram escravizados por ninguém. Preferiam a morte a se tornarem escravos. Os índios não tinham o medo em sua cultura, pois não aprenderam a ter medo.

Desde os primórdios, as sociedades se tornaram um meio em que as pessoas aprendem a ter medo. E como se aprende a ter medo? Por lavagem cerebral, em que a maldade é inserida a qualquer custo na mente do cidadão. O medo, infelizmente, nos é ensinado por quem deveria nos dar coragem: pais, professores, sacerdotes, políticos e mídia. E violência, crueldade, violação, repressão, derrotismo, pessimismo e corrupção são seu cursor.

Com tanta maldade, é claro que o medo fica à espreita para nos pegar. Constantemente ouvimos: "Cuidado com pessoas estranhas, pois elas podem violentá-lo"; "Cuidado quando estiver andando sozinho, porque alguém pode assaltá-lo"; "Cuidado para não errar, pois você pode se dar mal"; "Cuidado para não pecar, porque Deus vai castigá-lo".

Por incrível que pareça, muitas pessoas acreditam que ter medo é bom e que faz parte do instinto de sobrevivência, pois ter medo evita muitas desgraças. Eu discordo plenamente disso. O medo não evita a desgraça; ele atrai a desgraça. O medo é o puro representante da maldade, pois, quando alguém o sente, pensamentos ruins, emoções desequilibradas e um grande mal-estar são gerados.

Então, como algo que promove coisas más pode ser do bem ou bom para você? Ao compreender que medo é um mal que é aprendido, escolha eliminá-lo pela coragem de viver no seu bem-querer. E quando o medo vier, ignore-o como se ignora algo indesejável e repulsivo. Puxe seu melhor e aja pela coragem, dado que, somente por ela, você se torna um ser livre para desfrutar a vida!

Liberdade não é libertinagem

Falar do poder da coragem e não falar da liberdade é o mesmo que ir à praia e não cair no mar. Não dá!

A coragem anda de mãos dadas com a liberdade. Sem coragem, não há liberdade e vice-versa. Aí eu lhe pergunto: como você entende a liberdade? Liberdade é sair fazendo o que deseja? Ser dono do seu nariz? É pular de paraquedas sem saber se ele vai abrir? É invadir o espaço do outro, sem se preocupar se vai machucá-lo ou não? É ter o direito de ir e vir? É ter dinheiro para comprar o que quiser?

Primeiro, é importante dizer: não confundamos liberdade com libertinagem. A libertinagem é o mau uso da liberdade, em que extrapolamos nossos limites e os limites dos outros.

Não podemos levar uma vida liberal por completo pelo simples fato de que dividimos o mundo com outras pessoas. Precisamos respeitar o espaço do outro para justamente a coisa não virar libertinagem e algazarra. O fato de termos de seguir regras, padrões e normas ao dirigirmos um carro na cidade, a fim de mantermos a organização no trânsito, já revela que nossa liberdade no mundo vai até a segunda página.

No momento em que desrespeitamos as regras de trânsito e infringimos a lei, gerando caos nas estradas e pondo em risco nossa vida e a vida de terceiros, a liberdade exterior vivida desmedidamente vira libertinagem.

Por isso, a verdadeira liberdade só pode ser experimentada dentro de nós. Ela é uma magia interior. Isso quer dizer que liberdade não tem nada a ver com fazer o que nos der na cabeça, mas com nosso direito de nos conhecer por dentro.

Temos o direito e a liberdade de conhecer todos os poderes que estão neste livro, nos apoderar deles e emancipá-los no mundo. Nossa liberdade consiste basicamente em mergulharmos dentro de nós e exercermos o direito de ser quem somos.

29
SOMBRA

Trevas, sombra e luz

Para falar das trevas, é preciso primeiro desanuviar e desmistificar esse grandioso poder da sombra, que não tem nada a ver com o que tem se falado na psicologia, no esoterismo e algumas religiões, em que é classificada como obscuridade, repressão e maleficência.

Embora exista na literatura o conceito positivo de sombra criativa, espontânea e emocionalmente profunda, o psiquiatra e psicoterapeuta suíço Carl Jung também acreditava que a sombra era o arquétipo de ego mais sombrio. Seu lado animalesco e personalizado.

Em outras palavras, a sombra é tudo aquilo que existe de obscuro dentro de você e que você acaba rejeitando. No esoterismo e determinadas religiões, a sombra entra como ausência de luz. Existe a ideia de que a sombra pertence à força do mal e que a luz é do bem e vem para dissipar a escuridão da sombra. Podemos comprovar isso em nosso linguajar cotidiano. Quando alguém percebe uma coisa assustadora, a caracteriza como sombria.

De modo geral, confundimos sombra com trevas. Então, se as trevas não são a sombra, o que é? As trevas são ausência de luz, que se traduz na falta de luz da alma no ser que vive na escuridão interna, que é moldada pelo medo, tormento, desespero e sofrimento. Tudo o que é trevoso é caracterizado pelo que é mórbido, isolado, escuro e caótico. Quanto à sombra, ela se trata de uma força instintiva e inconsciente inerente ao ser humano.

Por ser um poder inato do ser, a sombra não é do bem nem do mal; é uma força instintiva que pode caminhar tanto nas trevas da escuridão quanto na luz. O poder da sombra é tão forte na vida de um ser humano que o indivíduo pode estar sem a luz da alma e perdido nas trevas, mas não pode viver sem a sombra.

E por que não pode viver sem a sombra? Porque ela está integrada em suas forças inconscientes profundas, nas entranhas, no seu sangue, na carne, nos ossos, nos nervos e em cada parte do seu corpo.

O poder da sombra estende-se à sexualidade, à sensualidade, à sua sensibilidade, às sensações, à sua saúde física, ao aparelho mental, ao aparelho imunológico, ao ambiente, às relações de troca que você vive e em toda sua materialidade.

A sombra corresponde à energia que dá forma ao corpo físico e à toda a natureza do planeta, e isso significa que, sem o poder da sombra, você não estaria aqui, neste que é um planeta-sombra. Não se engane. Ao se olhar no espelho, você é o reflexo do poder da sombra que vê em você.

Por último, mas não menos importante, a luz. No momento em que o ser humano puxa sua luz e se liga à própria alma, expandindo a consciência por meio do autoconhecimento, as trevas se esvaem. A sombra precisa da luz da alma para ser guiada, caso contrário, vagará perdida pela escuridão.

O segredo do equilíbrio é caminhar pelo vale da luz sendo guardado pelo poder da sombra.

Sombra guardiã

Pedir ajuda aos anjos da guarda, aos guias espirituais, aos santos e aos seres celestiais para ter saúde, bons relacionamentos, um emprego e dinheiro no bolso é uma grande ilusão.

Na verdade, quem ampara e cuida de sua vida material é sua sombra guardiã. Nada que está fora do seu ser interior pode ajudá-lo a ter uma vida próspera, e a porta de sua prosperidade é o poder da sombra em você.

Imagino que você esteja curioso para me perguntar o que é a sombra guardiã, então, para esclarecer essa questão de modo claro e simples, convido-lhe a viajar sob a luz do conhecimento milenar dos índios xamãs americanos e canadenses.

Para esses curandeiros milenares, cada pessoa tem seu animal de poder protetor. O urso, por exemplo, é o animal de poder do amor; a águia é o animal do poder que viaja pelo mundo espiritual e material; a coruja são os olhos que tudo veem e tudo sabem. Ou seja, para o xamanismo, cada animal de nossa natureza é um tipo de guardião.

Deste modo, ao traduzirmos o conhecimento xamã ao nosso poder da sombra, nossos guardiões funcionam da mesma maneira que um animal de poder dos xamãs. É como se nossa essência-sombra fosse um bicho.

Para a sombra guardiã, no entanto, a forma de proteção integrada às forças inconscientes e instintivas são moldadas por nossa imaginação em representações que se afinam conosco. Por exemplo, meu guardião da proteção surgiu como um dragão que cospe fogo.

Existe também um guardião para cada área de nossa vida. O médium, espiritualista e metafísico Luiz Antonio Gasparetto em seus estudos aprofundados sobre a vida em parceria com os seres desencarnados, que sempre o acompanharam, trouxeram-nos com precisão cinco áreas nas quais a sombra guardiã trabalha no plano material: sombra saúde, sombra sensória, sombra protetora, sombra ambiental e sombra central.

Quando alguma área da vida de uma pessoa está ruim, como, por exemplo, a financeira, isso revela que esse indivíduo está em desarmonia com o próprio guardião sombra ambiental, que cuida do financeiro.

No entanto, quem determina se o guardião da sombra vai atrair o dinheiro ou atrair uma cura é o Eu consciente da pessoa alinhado à sua sombra.

Os guardiões agem sob nossa voz de comando, pois somos os líderes da matilha de nossos guardiões. E como líder de nossas forças internas, somos os responsáveis por doutrinar nossos guardiões a trabalharem a nosso favor, nos proporcionando uma vida saudável, com bons relacionamentos e dinheiro no bolso.

30
INSTINTO

Força instintiva

O instinto, força que brota da sombra, é uma energia impulsiva que impele o corpo físico a se movimentar em ações diárias. É impossível experimentar a vida terrena sem que o ser se amalgame ao instinto, pois ele é a raiz do ser humano, é o que o faz fincar os pés firmes no chão.

O poder do instinto entra como força fiel à natureza como um todo. Há nesse poder um magnetismo pela sobrevivência e reprodução, que agem o tempo todo movidos pelo impulso de nos manter vivos e de perpetuar nossa espécie.

Há uma inteligência instintiva que cuida das necessidades do corpo físico e do corpo energético vital. Existe uma inteligência instintiva que organiza o sistema circulatório levando sangue para todos os nossos órgãos, sem que precisemos estar atentos e vigilantes a essa organização e manutenção orgânica. Deste modo, você pode usar seu Eu consciente para ler este livro e fazer suas atividades cotidianas.

Tenha consciência de que, ao acordar renovado e forte pela manhã, isso se deve à força instintiva que reorganizou e renovou seu sistema enquanto você dormia. Sem essa força instintiva inteligente, sua mente e seu corpo entrariam em colapso e você sucumbiria.

Nos momentos de estresse e na hora de dormir, lembre-se de que nada nem ninguém é mais parceiro nesta vida do que seu instinto. Cuide muito bem dele!

Descarrego de estresse

O modo como o instinto se comunica com você se dá pela vibração no corpo físico pela energia de prazer e desprazer. Quanto mais prazer, mais forte o instinto fica. O desprazer deixa seu instinto sombra minguado, apagado, irritado e até violento.

A raiz do estresse está na cabeça preocupada, pessimista e inquieta, e, como consequência disso, a emoção se torna aflita e apreensiva e a sensação física fica tensa e pesada.

Uma pessoa nessa condição, além de fraca e combalida, perde o tesão de viver e até o sexo fica comprometido. O homem fica impotente, e a mulher perde a vontade de fazer sexo. Com tanto lixo tóxico dentro de si, uma saída imediata e funcional é o descarrego de todo esse estresse. Depois de um dia de trabalho corrido e pesaroso, o instinto bicho adora descarregar o estresse em movimentos aeróbicos e anaeróbicos que geram prazer e relaxamento.

Tenha em mente que seu equilíbrio interior não vem apenas do cuidado com seu poder espiritual — que se dá quando você mantém a consciência aberta à espiritualidade, ao autoconhecimento e à meditação —, mas também do poder material, que se dá pela consciência alinhada com o instinto e com o corpo físico.

Por isso, de nada vai adiantar fazer meditação a fim de encontrar seu silêncio interior, se seu instinto estiver carregado de energia pesada. Apenas quando você descarregar o estresse por meio de movimentos corporais dinâmicos, como a dança, por exemplo, a mente, as emoções e o corpo físico vão se esvaziar, suscitando em você um prazer e uma leveza extraordinários.

Aí, então, com a mente e o corpo vazios, leves e serenos, a meditação funcionará. Caso contrário, as inquietações mentais, as emoções atribuladas e o peso do corpo não o deixarão adentrar o lado profundo do seu ser.

Quer mergulhar dentro de si e acessar as camadas mais profundas do seu ser? Faça o descarrego de todo o estresse. Se o instinto não estiver equilibrado e forte, ele não alcançará a alma.

Flua com seu instinto

Como nosso instinto pertence à nossa natureza interior, a força dele é tão soberana que não há nada que possamos fazer para ir contra ele. Necessidades básicas como comer, beber, dormir, fazer sexo, exercitar o corpo e evacuar são exemplos da força soberana do instinto sobre qualquer ser humano.

Quando o corpo demonstra fome, não adianta tentarmos enganá-lo por meio de artimanhas. A fome só é saciada quando ingerimos alimentos. E, se não nos alimentamos, adoecemos.

Se dirigirmos um carro com sono, estaremos propensos a dormir ao volante e a sofrer um acidente. De nada adianta ser um grande intelectual, um homem religioso ou um fiel sacerdote, se o indivíduo não atender às necessidades do instinto. E, se ele não o fizer, padecerá.

Podemos fazer qualquer coisa nesta vida, mas não podemos lutar contra nosso instinto, pois ninguém pode vencer a natureza interior instintiva. O vírus e as bactérias são a prova de que, se brincarmos com a natureza, perderemos.

Ninguém quer ficar doente, mas mesmo assim o instinto materializa no corpo físico enfermidades.

Mal-estar, doenças, distúrbios psicológicos e qualquer tipo de contrariedade que envolvam sua integridade individual são reflexo do seu desequilíbrio e desalinhamento com as forças do seu instinto. A solução imediata está em largar as ilusões e distorções da cabeça e do que os outros o induzem a fazer para se ligar ao seu instinto e segui-lo com lealdade.

Impulsos sexuais

Os impulsos são um repente fervoroso e brotam no ser humano como um vulcão prestes a explodir. Sua potência explosiva é de ordem eletrizante e aparece quando menos esperamos.

Sendo assim, os impulsos podem ser reprimidos ou liberados desenfreadamente. Um exemplo clássico de repressão dos impulsos se dá pela crença religiosa, que apresenta o sexo como um ato sujo e demonizado. Quando reprimimos algo tão natural como o sexo, o instinto entende a repressão como um ato contra nossa própria natureza.

Quando reprimida, a energia de impulso sexual se volta contra a pessoa, que se reprime sexualmente e passa a apresentar comportamentos esquisitos, mórbidos, melindrosos e violentos.

Desses impulsos reprimidos surgem os atos sexuais bizarros e brutais. Diferente do que possamos supor, o sexo é uma força que está a nosso favor e cabe a nós transformá-lo em boas energias. Para tanto existem três vias do ato sexual: sexo mórbido, sexo animal e sexo divino.

Está em nossas mãos escolher que tipo de sexo faremos. Eu escolho o sexo divino, pois, bem canalizado, ele nos eleva.

31
PODER SUPERIOR

Olhe a vida com os olhos divinos

Você já subiu uma montanha bem alta? Sentiu que estava bem perto do céu e que nada poderia afetá-lo lá de cima? Quando chegou ao topo da montanha, sentiu paz e força? Se sim, você experimentou a magia do poder superior, de poder olhar a vida a partir de um plano mais amplo e de enxergar além dos muros.

Elucidado o que é o poder superior, não estou lhe dizendo para olhar as pessoas com superioridade e se considerar melhor que os outros, afinal, isso não tem nada de divino. Isso tem a ver com uma grande vaidade e com um ego maior que a montanha citada acima.

O poder superior é uma experiência que acontece em sua consciência. É uma escalada e elevação do seu Eu consciente ao poder superior. A montanha exterior serve apenas para suscitar a sensação de elevação.

Entretanto, por estar nas alturas, o poder superior eleva sua consciência e o faz olhar para a vida de forma diferente. Não se trata mais de encarar a vida como um processo desorganizado forrado de falhas e defeitos até porque não existem imperfeições, pois tudo é perfeito. Não existe erro, pois tudo está certo.

Desta forma, se existe alguma coisa em sua vida que você considere um erro, acesse em si os cumes do poder superior e lá de cima terá a sensação de que tudo que fez estava certo, porque precisava acontecer.

Não existem caminhos errados, pois tudo leva ao caminho certo. Não há culpas, remorsos e arrependimentos, porque tudo aconteceu como podia acontecer. Com o poder superior, você viverá no céu mesmo quando os outros estiverem vivendo no inferno.

Seja uma testemunha

Quando você assiste a uma cena de um filme de drama, por mais que se sensibilize com a atriz ou o ator, você não pode se envolver com a situação, que acontece na tela e não no real. Estar diante de uma tela de cinema o coloca na posição de telespectador e, em outras palavras, de testemunha de uma história contada.

Na verdade, sua experiência aqui na Terra, pelo olhar lúcido da consciência, é de uma testemunha que observa a vida passar. Ou seja, você é um espectador de sua própria vida. Quando digo que você é uma testemunha de sua vida, não estou lhe dizendo que deixará de participar da vida das pessoas ou que tampouco se tornará uma pessoa fria e rude que não liga para ninguém.

Não é nada disso! Refiro-me a tirar o peso de se identificar, de se envolver e de ficar fortemente impactado com as relações humanas e, em especial, com toda a dramaticidade que engole sua paz e alegria. Quando você se sente ofendido, triste, magoado, revoltado e deprimido, isso é sinal de que está se envolvendo de forma dramática no relacionamento.

Se for uma testemunha de momentos ruins e negativos, faça como as crianças: dê de ombros e não ligue. Quando você sai do drama, se torna um observador na janela da alma, em que pode se dar ao luxo de rir com as tragédias e se encantar com os momentos bons.

Participe intensamente da vida de seus familiares e amigos, mas não se envolva de forma dramática. Assista, então, ao filme de sua vida passar de forma leve e divertida.

Confirme sua divindade

Dentro de você há uma essência divina, porém, o único obstáculo para que essa divindade penetre em sua vida, exterminando a escuridão do medo, a falta, o desencanto, a indiferença e o sofrimento é você mesmo.

Você vem de muitas vidas passadas, acumulando incertezas, temores, angústias e ansiedade nas profundezas de seu ser interior.

Sua ignorância em relação a seu poder interno, sua vulnerabilidade ao medo, sua submissão ao discurso autoritário e sedutor de pessoas que querem sugar seu poder são seus únicos inimigos.

Está na hora de você acordar para si e perceber que seu padecimento e sua preocupação com as questões de sua vida só acontecem porque você ainda não confirmou sua divindade. Acontecem porque o Deus que você tanto proclama estar lá fora, na verdade, é um espírito eterno que está dentro de você. Confirme essa divindade quando for dormir e confirme-a ao acordar pela manhã. Diga para si mesmo quantas vezes sentir que é necessário: "Deus mora em mim!". Ou, se preferir, diga: "O espírito eterno mora em mim!". Indo mais a fundo, confirme: "Sou Deus ou Eu sou o Espírito".

O importante é sentir a divindade em você sendo impressa em suas entranhas. Sinta-a tomando cada parte do seu corpo físico: dos ossos, do sangue, dos nervos, dos órgãos etc.

Expanda sua divindade às camadas da mente, da consciência, da alma e do poder superior em você. Ao fazer isso, a força que existe em sua divindade interior irá acalmar as inquietações da mente, equilibrar suas emoções, tranquilizar seus sentimentos e ponderar suas atitudes. Repita a confirmação divina quantas vezes for necessário e observe que se trata aqui de uma demanda perceptiva, porque você sempre teve essa essência divina, mas não a havia enxergado e confirmado ainda.

Não é o outro quem tem de validar e autorizar a confirmação do divino em você, pois essa confirmação é sua. Os outros podem até taxá-lo de ignorante ou dizer que você é do mal por não pertencer à comunidade religiosa deles, porém, o que os outros falam só terá validade se você confirmar e validar tais palavras negativas.

O mesmo acontece com o bem. Quando seu olhar e sua postura firme disserem: "Deus mora em mim" ou "O espírito eterno mora em mim, eu confirmo minha divindade", a consolidação divina será sacramentada.

Uma vez confirmada sua divindade, nada nem ninguém poderá remover sua coroa divina.

32
INSIGHT

Para tudo na vida há uma solução

Originária do inglês arcaico, a palavra *insight* significa "visto de dentro", contudo, uma vez que o *insight* surge do cume do seu ser, vou traduzi-lo como "visto pelo poder superior em mim".

A maior prova de um *insight* encontra-se quando você recebe a solução para algo que estava fechado e complicado. O *insight* é aquela sacada que o ajudará a desatar um nó que o aperta; é como uma lâmpada que se acende para a solução de um enigma. No entanto, não é qualquer pessoa que atrai essa grande dádiva, que nos ajuda a encontrar uma solução para sairmos dos momentos difíceis. Essa dádiva é exclusiva para os que confiam inteiramente no bem e que as coisas darão certo.

Um excelente exemplo de confiar no bem é ter a convicção de que para tudo na vida há uma saída e uma solução. Os que se desesperam por não virem saída para seus "problemas" são os que, por não confiarem no bem, bloqueiam o *insight* que os ajudaria a solucionar os desafios. Quem se tranca e se fecha no desespero, sente como se paredes estivessem se fechando e o encurralando, o que aumenta o desespero.

Mas mesmo nos quartos escuros e apertados, sempre surge uma luz por meio do *insight*, que lhe mostrará a saída. Somente confiando na prece da solução do *insight*, aquilo de que você necessita aparecerá.

Deste modo, não se preocupe, pois, se a solução não se encaixar aqui, se encaixará ali. Confie na prece da solução do *insight*!

A chave e a porta

Para tudo de bom que desejamos conquistar na vida, existe um modo certo e funcional para fazer a coisa acontecer. Tudo na vida tem uma chave, que abre a porta daquilo que almejamos. Não adianta atirarmos para todos os lados a fim de realizarmos os anseios de nossa alma. Aquele que se desespera, que fica amedrontado, que se coloca para baixo e que se desvaloriza não consegue achar a chave certa para abrir a porta das coisas boas que deseja na vida.

Por exemplo: se você deseja ter riqueza material, saiba que existe a chave exata para abrir a porta da riqueza e do dinheiro. Quer se curar de uma doença? Existe uma chave certa para abrir a porta da cura. Quer paz, sucesso e felicidade? É a mesma coisa.

A coisa funciona assim: é preciso sentir e ter a postura de riqueza em sua vida 24 horas por dia, para atrair a chave certa que vai abrir a porta da riqueza. Como? Valorize as coisas que tem. Diga de coração que você tem muitas qualidades e que já conquistou muitas coisas materiais. Quando você diz "sou inteligente e tenho muita fartura", a vida magnetiza mais inteligência e fartura. Quando escolhe valorizar as faltas e reclamar do que não tem ou do que falta, você não atrai a chave da riqueza, mas sim a falta.

E digo mais! Todas as vezes em que tentar abrir a porta da riqueza, ela estará trancada e, mesmo que a arrombe, não conseguirá enxergar a riqueza.

Para obter a chave certa para abrir a porta de suas realizações, você não depende de sorte nem de Deus. É mérito totalmente seu saber como as coisas que você deseja funcionam e investir fundo nelas. Diga: "Tudo para mim sempre vem fácil", e terá a chave que abrirá a porta da facilidade.

Torne-se seu próprio cientista

O que um cientista faz? Escolhe um objeto de estudo e começa a pesquisá-lo e investigá-lo, a fim de construir conhecimento sobre ele. No geral, o cientista enxerga o objeto de estudo como ele é e como funciona na prática e confia tanto em sua experiência que os vislumbres de *insight* jorram sobre seu objeto de estudo, abrindo as portas para incríveis descobertas.

De fato, no que diz respeito a pesquisas e descobertas sobre o mundo exterior em que vivemos, os cientistas já exploraram e dominaram quase tudo, contudo, no que diz respeito ao mundo interior do ser humano, além dos paradigmas da psicologia, a ciência está engatinhando.

Por esse motivo, convido-o a entrar de modo consciente para se tornar seu próprio cientista. E não são necessárias cobaias para seu experimento, pois você tem seu próprio mundo interior. Ou seja, para pesquisar seu mundo interior, você tem em si mesmo o melhor e mais sofisticado laboratório que poderia desejar.

O propósito de você se tornar seu próprio cientista está no autoconhecimento, que gera autodomínio. Do mesmo jeito que o cientista domina seu objeto, quero que você aprenda a dominar seu mundo interior. E só você pode fazer isso, pois somente você tem acesso a seu mundo interno.

Depois que você se conhece por dentro, simultaneamente, passa a conhecer o que se passa na mente e no coração dos outros. Indo fundo em seu lado cientista, você terá o poder para desvendar como funcionam os cinquenta poderes descritos neste livro.

Conhecendo e investigando cada um dos poderes, você aprende como eles funcionam no intuito de ter autodomínio. É como descascar uma cebola. A cada *insight* relacionado aos poderes existentes em si, você penetra em uma camada mais profunda de seu ser até chegar às dimensões mais profundas. Aprendendo a se dominar e a lidar consigo mesmo, você consegue canalizar o poder mental para realizar tudo o que quer e, sabendo lidar consigo mesmo, você consegue lidar com qualquer pessoa. Quer poder maior que esse? Este livro, por exemplo, foi movido pelo poder do *insight* de enxergar os cinquenta poderes que habitam o ser humano.

A finalidade era descobrir quais poderes existem dentro do ser humano, como o ser humano funciona e como os poderes dentro de cada um podem ser manifestados de forma a trazer paz, equilíbrio, prosperidade e felicidade à vida das pessoas. E adivinha quem foi a cobaia para compreender cada poder citado? Adivinhou! Eu mesmo!

33
CRIATIVIDADE

Você é o criador da sua realidade

Sua vida é como uma tela de cinema em branco. Deste modo, você é o produtor que seleciona em qual cenário sua vida vai passar e como será a qualidade da paisagem ao seu redor. É possível produzir, por meio de si mesmo, um ambiente de paz, prosperidade, cheio de cor e alegria, ou fazer o contrário e criar um ambiente tumultuado, apagado, desanimador e que valoriza a falta. Está em seu poder definir como será essa produção!

Todavia, você é também o diretor de sua vida. Em seu interior reside a capacidade de definir o modo como vai lidar com os desafios que comumente aparecem e determinar qual será o caminho que sua realidade vai seguir. Existe em você habilidade para criar um caminho limpo, favorável e aberto, mas também para gerar um trajeto dificultoso, cheio de obstáculos e fechado.

Sendo você o diretor de sua vida, eu lhe pergunto: "Qual caminho você escolhe?". Reitero que você tem a autonomia de ser o roteirista, aquele que escreve a própria história a partir do aqui e do agora, sendo assim, o amanhã reflete suas escolhas. As possibilidades de criação de seu enredo e de seus pontos de virada — o famoso *Plot Point* — cabem somente a você.

Além de tudo, você é também o ator ou a atriz da própria experiência de vida. Está em suas mãos incorporar um artista autêntico, ousado e corajoso o suficiente para ser você em todo o seu esplendor. Ou, se preferir, opte pela falsidade, pela máscara, por viver à sombra daqueles que são um canal para a nutrição da inveja e do apego.

Com todo esse poder de criatividade em suas mãos, use bem suas habilidades de diretor e, sem tirar os "pés do chão", não fuja de sua história real fomentando ilusões e distorções, que embaçam a tela de sua vida. Produza uma realidade afinada com sua alma e com seu eu verdadeiro, ou seja, viva uma história fiel a si mesmo, aos seus sentimentos e aos anseios da alma e aja com seu ser autêntico.

Você é o produtor, diretor, roteirista e ator ou atriz da própria vida. Está no seu interior o poder para criar sua realidade e fazer dela o "filme" dos seus sonhos, digno do Oscar!

A criatividade assegura sua individualidade

A coletividade aniquila a individualidade criativa. Desta forma, aquele que vive à sombra de grupos destrói a própria criatividade. Sem a criatividade que molda a individualidade, as pessoas perdem seus referenciais e desaparecem na multidão. A "cultura zumbi", composta por pessoas que pensam, falam, sentem e "fazem igual", como acontece com ideologias políticas e religiosas, é uma grande amostra da perda do poder da criatividade. As pessoas, então, acabam seguindo e sendo dominadas pela massa coletiva.

Veja por esse lado: quanto maior for a manifestação de sua criatividade, maior será a força da individualidade inovadora, autêntica, espontânea e questionadora, e isso dissolve a igualdade do coletivo. Para puxar o poder de ser criativo, faz-se necessário assumir seu jeito de pensar, falar, sentir e agir.

Quer participar de grupos? Participe, mas mantenha sua voz criativa. Discorde, argumente e investigue os discursos repartidos. Se for necessário, largue as crenças institucionais e os movimentos de grupos que o colocam como um robô igual aos outros, para que, assim, consiga renascer e ganhar destaque em sua individualidade. Defenda sua criatividade, pois ela lhe concebe o valor de ser único.

É por meio desse grande poder criativo que você será hábil para criar estratégias, metas e objetivos para enfrentar as contrariedades da vida e realizar seus projetos.

Tudo é justo!

Sob o olhar metafísico aprofundado sobre como a realidade funciona, tudo o que acontece na sua vida é justo. Mas você, indignado, pergunta: "É justo ter uma doença ou ser pobre?". Sim, se é real tal situação e condição de vida, então é justo pela lei da vida.

É compreensível que em nossa cultura as pessoas se vitimizem e joguem a culpa nos pais, no governo e até em Deus por estarem vivendo suas próprias faltas e infelicidades.

Como forma de defesa, para não assumir os erros e os fracassos e não encarar as próprias fraquezas e os próprios limites, muitas pessoas tiram a responsabilidade da situação.

Entretanto, vendo pelo ângulo da vida como ela é, somos responsáveis por tudo o que se volta para nós, tanto as coisas boas, como ganhar uma herança milionária, como algo desagradável vivido em uma traição, por exemplo. Existe um lei que transcende a lei escrita pela homem, que é a do "se roubou, vai preso", que é a lei de energia de atração e repulsa, que coloca o ser humano no centro de sua própria existência, sendo a vida um reflexo do seu mundo interior.

Pelo ângulo do "tudo é justo", o vitimismo é uma ilusão da ignorância em relação ao poder da criatividade que nos coloca como responsáveis pela realidade em que vivemos. Não adianta uma pessoa reclamar da vida, dizer que não merecia passar pelo que está passando nem se queixar dos outros com quem convive, afirmando que eles não prestam.

A pessoa atraiu a situação e, portanto, merece tudo pelo que está passando. Aceite que nós criamos nossa realidade e que, portanto, temos também o poder de "descriar" e criar uma nova realidade incrível. Com o poder da criatividade, tudo é justo!

34
GENIALIDADE

A genialidade vem do plano superior

Para acessarmos a genialidade, precisamos estabelecer um contato com o poder superior que há dentro de nós e que nos eleva aos vislumbres da genialidade. Os estúpidos e medíocres — o contrário de genial — se prendem a crenças, normas e dogmas do coletivo e da sociedade em geral.

Essas pessoas não conseguem atingir vislumbres de genialidade. Imagine uma situação em que alguém à frente de seu tempo tem uma ideia genial, e um sujeito meio metido a ordinário estufa o peito e se apodera da inspiração genial do outro, estabelecendo um grau forte de imitação.

O limite dessas pessoas medíocres se dá em viver das migalhas daqueles que estabelecem um contato profundo com eles mesmos e, por isso, elas mendigam a genialidade de outros.

O gênio é aquele que inova, que estabelece algo diferente, que percebe algo que a grande maioria das pessoas não consegue notar e que, por meio desse olhar genial, cria invenções revolucionárias. Até mesmo algo considerado como sem valor é transformado pelo gênio em um produto de sucesso.

Michelangelo, artista da Renascença, fazia muito bem isso: ele encontrava nos destroços uma pedra "inútil" e a transformava em uma escultura dos deuses. É por isso que, junto com a genialidade, entram a ousadia e a coragem para inovar.

Um grande exemplo de incentivo à genialidade está na máxima proferida por alunos da Universidade Harvard: "Não procure um emprego, invente um".

Contudo, o que a grande massa faz é justamente apagar, ignorar o poder da genialidade, que só é mexido se alguém audacioso se mexer. De fato, há mais empregados que seguem ordens do que empreendedores gênios que dão ordens.

E por que isso acontece? Porque a sociedade precisa de formigas trabalhadoras. Resposta errada! É porque grande parte da população na Terra ainda não conhece o potencial genial adormecido, que está pronto para inovar a vida das pessoas e daqueles que as cercam. Há gente que passa a vida andando no deserto atrás de um oásis, quando na verdade o oásis está dentro de si.

Enquanto isso, os medíocres desligados da própria genialidade continuam correndo no deserto atrás da água para matar uma sede que nunca cessará. Já o gênio, por ter dentro de si uma fonte de boas ideias e de "grandes sacadas", nunca fica com sede, pois, quando precisa de uma ideia para gerar algo novo, apenas acessa a fonte de genialidade e bebe da própria bica.

Para os gênios de plantão, digo: não se preocupem com os medíocres que querem imitá-los. Confiem em sua genialidade, pois, quando alguém copiá-los, vocês já terão inventado outra coisa, ficando, assim, anos-luz da mediocridade.

O revolucionário da alma

Os gênios da tecnologia, em especial, da *internet*, que facilitam a comunicação entre as pessoas e fazem o mundo parecer um lugar pequeno, eu os chamo de revolucionários do mundo externo. Contudo, para esse tipo de revolução, ou seja, do mundo externo, não há garantia e controle de sua permanência. A ciência e a política são uma prova disso.

Na visão científica das coisas, não há uma verdade absoluta, pois tudo pode ser refutado. Hoje, algo que a ciência afirma ser certo, amanhã pode se tornar incerto com a entrada de uma nova teoria e experiência.

Por conta de seu avanço, as próprias tecnologias vão se tornando obsoletas quando são substituídas por outras mais modernas. E o mesmo acontece na política. Um partido político realiza uma obra social, que ajuda uma comunidade. Acontece uma nova eleição, outro partido toma o lugar e destrói tudo o que seu antecessor construiu. Isso me faz recordar de minha infância, quando eu fazia castelinhos de areia na praia e, depois de horas os construindo, sem mais nem menos vinha o vento e os derrubava.

De fato, ser um revolucionário do mundo externo é muito bom para o desenvolvimento do ser humano, porém, as revoluções têm prazo de validade pelo fato de o mundo ser efêmero.

Por esse motivo, recomendo que você use o poder da genialidade e desperte em si o revolucionário do seu mundo interior. Invista em você! Aprenda com as experiências da vida, busque o autoconhecimento, encontre sua inteligência emocional, potencialize suas qualidades, coloque seus talentos para funcionar e encare suas deficiências.

E lembre-se de que partido político, tecnologia, pessoas, terremotos, tsunamis e a morte não podem tirar o que você conquistou de dentro de si.

35
INSPIRAÇÃO

Sinta-se inspirado ao acordar pela manhã

Parece algo redundante dizer isso, mas o simples fato de você estar vivo e poder abrir os olhos quando acorda pela manhã já é motivo para se sentir inspirado. Estou vivo! Eu posso tudo, pois nem o céu é o limite! A própria palavra a-cor-dar revela, em um jogo de palavras, dar cor ao dia, colorir sua vida ou entregar seu cor-ação ao que você faz, isso sim é estar inspirado para acordar bem-disposto para encarar o dia.

E qual é o segredo para acordar inspirado pela manhã, a fim de atrair coisas boas? Comece tendo uma noite satisfatória de descanso. Esvazie-se da inquietação mental, das preocupações e da ansiedade — que são as raízes da insônia — e, olhando com ternura para sua cama, diga com todo o seu esplendor: "O mundo pode acabar agora, mas eu vou dormir como uma pedra!".

Confie! Isso realmente funciona! Dormir em paz é a porta para que o dia seguinte seja maravilhoso. É praticamente uma lei: termine bem o dia para começá-lo bem. Sentir-se inspirado ao acordar pela manhã precisa ser sua maior inspiração. Maior até que a importância que você dá à sua família, aos seus amigos, ao trabalho e aos bens materiais que conquistou.

Tudo o que você julga ser importante só pode existir porque, sem sua presença, nada do que você construiu poderia existir. Você é a coisa mais importante em sua vida, mas compreendo que, na busca para acumular bens materiais, você acabou esquecendo-se de si mesmo.

Então, eu lhe peço que, pelo menos agora, você esqueça por um instante seus afazeres externos, o tempo sendo marcado em seu relógio, e faça contato com seu ser interior. Sinta o ar entrando em seu pulmão, sinta as batidas do seu coração e coloque as mãos em seu peito para sentir o calor de sua alma.

Sentiu que está vivo? Pronto! Eu lhe entreguei o gol aberto para você encontrar sua inspiração. A partir de agora, seja sua maior inspiração! Agora é com você!

Eu sou um canal para o bem

O ser humano conduz a vida de modo tão automático que acaba não sentindo a força interior que existe no fato de ser um canal de bênçãos benevolentes. São tantas as culpas, são tantos os medos e os ressentimentos absorvidos que a coisa está mais para ser um canal do mal do que do bem.

Muitos de nós se deixam levar pelas ilusões e distorções sobre si mesmo, que transformam a própria pureza, beleza e leveza em algo impuro, feio e pesado. Não adianta você culpar seus pais, seus professores, a sociedade e dizer que as pessoas não lhe deram a devida atenção, não o amaram o suficiente, não o consideraram nem o valorizaram e que por isso você perdeu a convicção em si. Ninguém tem culpa de nada que acontece com você, pois é sua a responsabilidade por ter dado ouvidos e acolhido tanta porcaria e malevolência alheia. Você deu tanto crédito à maldade do mundo que hoje se vê com maldade.

Só vê maldade quem está no mal e só vê bondade quem está no bem. É tão massiva a maldade que corre na mente, nas emoções e no corpo físico que o indivíduo vê maldade em tudo.

E como o indivíduo colhe o próprio mal? Quando julga ser incapaz de realizar seus anseios e se sente inútil, feio e que não é bom o suficiente, é como se sua energia exalasse no ambiente uma espécie de veneno tóxico que faz as pessoas o tratarem com menosprezo, desprezo e truculência.

Está na hora de você se limpar de tanta imundície e de se livrar de todo o lixo interior, removendo principalmente as impressões negativas e maldosas a seu respeito.

Fortaleça seu canal no bem dizendo: "Eu sou um canal para o bem! Tudo o que eu toco vira o bem! Eu sou a luz do bem maior em mim! Eu confio no bem!". Repita essas frases quantas vezes forem necessárias até sentir que elas imprimiram em você seu bem-querer e apreço. E por que é importante você se limpar da visão maldosa sobre si mesmo?

Quando você se limpa de toda a ideia ruim a seu respeito, instantaneamente, é aberto um portal de energia inspiradora para o próprio bem.

Purificado, você naturalmente se torna um canal do bem para atrair a cura de alguma doença, pessoas que o querem bem e oportunidades que puxarão ainda mais seu bem para fora. Marque essa lei da vida: o mal produz o mal e o bem produz o bem.

A alma o inspira para o mais belo e caro

Já reparou que, quando você entra em uma loja, o primeiro produto que vê é o mais caro? Não reparou? Faça um teste na loja de sua preferência. Sem perguntar nada para o vendedor, vá até a mercadoria que chamou sua atenção e cheque o preço na etiqueta. Com certeza o produto será, pelo menos para você, o mais belo e o mais caro da loja.

Se mesmo assim o produto que você escolher for o mais barato da loja, é sinal de que sua alma está desligada e que por isso ela não se comunica com você. E por que sua alma se desconectou? Porque ela não se sintoniza com pessoas cujas mentes nutrem o desvalor e que têm atitudes de miséria e privação.

A alma nos inspira para o conforto, pois une ao mesmo tempo o toque do simples e do chique. Se você pergunta "quem sou eu para ter um carro caro, uma mansão ou para usar uma roupa de grã-fino?", sinto lhe dizer, mas sua falsa modéstia só revela que, por estar sem a inspiração da alma, você não se sente merecedor das coisas boas da vida.

Muito provavelmente, você se posiciona como um pobre coitado que, em vez de se imaginar comprando um automóvel Bentley, se vê comprando um carro popular usado.

Mas preste atenção, pois o que está em jogo aqui não é a marca do carro, mas a atitude de imaginar o mais belo e caro para si. O fato de você se inspirar com um carro belo e caro gera uma abertura para se inspirar com o melhor em todos os âmbitos de sua vida, como, por exemplo, encontrar um grande amor que o realize sexualmente, ter uma saúde de ferro, amizades verdadeiras e, é claro, muito dinheiro no bolso.

Por esse motivo, sinta-se merecedor de se inspirar com o mais belo e mais caro, afinal, você está aqui na Terra para ter o bom e o melhor. Não sou eu quem diz. É sua alma quem está dizendo.

36
PROTEÇÃO

Seu melhor o protege

Você já parou para pensar em como funciona a questão da proteção em sua vida? Já se questionou por que há âmbitos de sua vida que são protegidos e outros não? Por exemplo, existem pessoas que prosperam no lado financeiro, mas que no quesito saúde vão de mal a pior. Uma coisa é fato: quando o ser humano pede proteção espiritual ou material, ele deposita sua fé nas forças fora do seu ser.

A título de exemplo, o ser humano pede proteção a Deus, aos santos, ao pai terrestre que protege seus filhos, ao marido que protege a esposa, ao anjo da guarda que protege o devoto, ao curandeiro, à lei jurídica que protege o cidadão etc. Há até os que depositam sua fé em rituais, como as oferendas, promessas e orações para santos e orixás, e nos amuletos como pés de coelho, trevos de quatro folhas, ferraduras para lhes trazer proteção e boa sorte.

É comum o ser humano entregar o mérito de ter sido protegido à sua fé. Imagine, por exemplo, um casal que decide viajar de carro e que antes de sair pede proteção ao arcanjo Miguel e ora para que a viagem seja tranquila e sossegada. Durante a viagem, no entanto, começa a chover, o carro derrapa e bate em uma árvore. O rapaz que estava dirigindo morre, e a moça que estava ao seu lado sobrevive. Dizer que foi o arcanjo Miguel quem salvou a moça da morte é o mesmo que dizer que ele não quis salvar o rapaz. Compreende aonde quero chegar? Se o anjo da guarda realmente tivesse salvado a moça, certamente ele também teria salvado o rapaz.

E não salvou porque a proteção não vem dos anjos ou de qualquer outro símbolo tido como protetor, mas sim do campo de proteção do próprio casal.

A moça que viveu emanou de seu ser uma força de proteção, e o rapaz que faleceu estava com seu campo protetor desligado. Isso significa que você é seu próprio anjo da guarda protetor.

Agora chegou a hora da pergunta que não quer calar: como funciona o sistema protetor? Vem do seu sistema de proteção energético que é ativado quando você está no seu melhor. No melhor do quê? No melhor das atitudes ligadas à saúde, ao relacionamento afetivo, à família, ao trabalho etc.

Quando digo que o melhor o protege, não me refiro a fazer comparações com os outros para saber quem é o melhor ou pior naquilo que faz, mas sim o melhor consigo mesmo. Retomando o exemplo que dei no início do texto, no trabalho a pessoa prospera, portanto, está trabalhando no seu melhor, mas sua saúde está ruim, então, está no seu pior.

No trabalho, a pessoa se mostra ousada, com boa vontade e mantém a motivação lá no alto, então, o sistema protetor entende que ser assim é o seu melhor. Caso a pessoa mude seu jeito de trabalhar, fique desanimada e de saco cheio, o sistema entende que foi para o pior.

Na saúde acontece a mesma coisa. Pense em uma pessoa que fuma todo dia. O sistema entende que este é o melhor, pois fumar é o melhor que sabe fazer. Quando a pessoa para de fumar, o sistema protetor entende que agora o "não fumar" é o seu melhor. Preste bem atenção nesse detalhe: caso a pessoa tenha uma recaída e volte a fumar, o sistema entende que fumar se tornou o seu pior, pois havia aprendido a não fumar.

Em contrapartida, é importante relatar que o que está em jogo aqui não é o que faz bem ou mal à sua vida, mas que, estando no seu melhor, você protege sua saúde física, se protege contra energias negativas, invasões de magia negra e protege os bens materiais de ladrões. Se você for para o pior, perde a proteção e por essa razão adoece, fica vulnerável a energias das trevas, aberto a invasões de espíritos obsessores e exposto a perdas financeiras, roubos e furtos.

Deste modo, a responsabilidade é sua de manter seu melhor a fim de zelar por sua proteção. Mantenha-se atento e vigilante para perceber quando seus hábitos e suas atitudes estão no seu melhor e quando uma escolha de vida pode levá-lo ao seu pior.

Seu melhor independe da moral e da ética

Estar no seu melhor não tem conexão com sua classe social, com ter ou não religião, ter caráter, ser ético, ser moralmente aceito pela sociedade ou ser bom ou ruim. Uma atitude moral ou ética não faz a menor diferença para que o poder da proteção o proteja de coisas ruins.

Um grande exemplo disso é o que acontece com uma pessoa corrupta. Ela pode até roubar a instituição em que trabalha e levar sua vida trambiqueira sem nunca ser presa. E sabe por que uma pessoa corrupta pode não ir presa ou ser pega roubando? Porque o poder da proteção entende que ela está no seu melhor quando está roubando. Se roubar é o melhor da pessoa é porque ela já vem caminhando no chão da desonestidade.

No entanto, o que acontece quando o sujeito desonesto resolve abandonar a vida de gatuno? Ser honesto torna-se seu melhor. Sob outra perspectiva, o cidadão que sempre foi honesto, mas que começa a roubar tem grandes chances de ser pego roubando e de ir para a cadeia. Comparando a situação com a do corrupto que escapou ileso, o rapaz honesto foi preso, pois ao ser desonesto tocou seu pior.

Agora você entende por que há pessoas que são pegas em flagrante e outras que saem impunes. Tudo é uma questão de se manter no seu melhor para o poder da proteção gerar proteção.

Para muitos, ser uma pessoa sem caráter, falsa, daquelas que intoxicam o ambiente é o melhor que ela pode fazer. Já para outros, ter uma dessas características é ir para o pior. O poder da proteção é a justiça divina sobre os homens.

Você pode enganar as pessoas, o governo, o poder judiciário, mas não pode enganar seu sistema protetor.

37
SENSAÇÃO

Sensação e impressão

Os cinco sentidos (paladar, olfato, tato, visão e audição) são a plataforma por onde se lança a sensação. É por meio dos cinco sentidos que é ativada uma determinada função sensorial, que gera a sensação de barulho, silêncio, claro, escuro, frio, calor, doce, amargo, peso, leveza, liso, dureza etc.

Vale ressaltar que, no que se refere a falar de uma sensação física, não são levadas em consideração as interpretações que a mente promove, como, por exemplo, o ato de descrever o que a pessoa sente ao comer uma maçã e dizer que seu gosto é como mel e seu cheiro lembra eucalipto.

Essas descrições equivalem a uma interpretação sobre a maçã. Na interpretação, a maçã pode ter centenas de versões subjetivas, já a sensação é precisa e objetiva. Quando uma pessoa descreve que a maçã é mole, áspera e fria, ela tem uma sensação ao comê-la.

Todavia, tudo o que você pensar, absorver, elaborar, perceber, ver, falar, comer, ingerir, sentir, ouvir, tocar e fazer suscitará uma determinada sensação em seu corpo. No entanto, é importante mencionar que há uma ação movida pelo Eu consciente que afeta massivamente as sensações do seu corpo, que é o ato de se impressionar com os estímulos recebidos. Ao notar algo bom ou ruim e suspirar dizendo: "Minha nossa! Meu Deus! Deus me livre!".

Ou, o que é para mim como ferro quente na pele, fazer afirmações como "é mesmo ou é verdade".

Quando você diz uma dessas frases, pode ter certeza de que ficou impressionado. Como exemplo disso, temos o indivíduo que mira sua atenção e se impressiona com o modo fácil como determinado empresário consegue multiplicar seu dinheiro.

Neste instante de impressão, ele é tomado pela sensação de arrepio e de calor no peito pela vontade de multiplicar seu dinheiro como o empresário o faz. A impressão gera uma sensação e imprime a crença de que o rapaz nasceu para ganhar dinheiro e que ganhá-lo também é muito bom.

A partir da sensação gostosa de ganhar dinheiro, é emanada para o ambiente a vibração energética que atrai dinheiro. É familiar com o termo "dinheiro atrai dinheiro"? Vem da impressão e sensação.

Isso posto, impressione-se com coisas que lhe suscitem sensações de bem-estar. Suspire e diga "minha nooosssaaa" para um lindo pôr do sol; Expresse um "é mesmo" para um delicioso banquete; sussurre "meu Deus" para a transformação de alguém que se curou de uma doença; murmure "é verdade, eu tenho cinquenta poderes em mim". Impressione-se com o sublime e produza sensações de elevação.

A dessensibilização cura e transforma

Já ficou impressionado com coisas que geraram sensações de desprazer, repulsa e mal-estar? Sente dores agudas e intensas no corpo? Tem alguma doença crônica?

A dessensibilização é a solução para remover as impressões ruins, transmutar as dores e trazer alívio às sensações de desconforto e curar a lesão do corpo e os buracos da alma. Como exemplo, falarei da lombalgia (lesão na coluna que toca as vísceras). Se você perguntar à pessoa com lombalgia qual é a sensação que tem na lombar, ela dirá que, além das dores intensas, sente a região afetada mais dura, rígida e, provavelmente, fria.

Para a dessensibilização recomenda-se o uso de objetos. Ter em mãos algo concreto e palpável aos sentidos facilita o trabalho de transformação e cura e é imprescindível que o objeto traga a sensação oposta à da lesão.

Depois que sentir o objeto nas mãos, é preciso colocá-lo em contato com a região do corpo afetada. No caso da lombar, é recomendado usar uma bolsa de água quente. Sentado em uma cadeira, encoste-a na região lombar. Se não tiver uma bolsa de água quente, use uma almofada pequena que lhe promova a sensação de fofura e quentura. A intenção é quebrar o processo mental, emocional e corporal de desconforto, dureza e rigidez e substituí-lo por um padrão que lhe traga a sensação de conforto, soltura e quentura.

Posicione a bolsa de água quente e deixe-a na lombar por alguns minutos a fim de experimentar a sensação suave, mole e quente da bolsa de água. A lombar dá sustentação ao tronco, à cabeça e apoio às pernas para que o corpo físico possa se loco-mover com fluidez e soltura. Enquanto você estiver absorvendo a sensação da bolsa de água quente, diga com força e veemência: "Diante das adversidades e dos obstáculos da vida, eu me apoio e me sustento em mim mesmo. Eu confio em mim, portanto, não tenho medo de errar, fracassar, nem tenho medo do amanhã. Inde-pendente do que acontecer, darei conta do recado. Estou do meu lado para o que der e vier!".

Permita que as palavras vibrem para a região lombar a sensa-ção de força, confiança, sustentação e autoapoio. Quando você absorver essa nova sensação, conseguirá tirar as impressões de medo que acumulou ao longo da vida, que ficaram grudadas na lombar e que, com o passar dos anos, produziram a lombalgia.

Dessensibilizado, levante-se da cadeira sentindo-se suave, fir-me, flexível e caminhe deixando sua sensualidade solta para se expressar. Sinta como sua lombar vai reagir diferente depois da dessensibilização.

E lembre-se de que o uso de determinado objeto vai depender do tipo de lesão e de sensação que o corpo mantém. Use sempre algo contrário à sensação da lesão ou da doença. Deixe-se levar pela dessensibilização, e a nova sensação vai regenerar sua saúde.

38
IMAGINAÇÃO

A imaginação é uma faca de dois gumes

A imaginação é um instrumento incrível para transformar sua vida. Com a imaginação é possível revolucionar a vida de toda a sociedade, trazendo-lhe inovações, inspirações e genialidade. É por meio dela que os grandes roteiristas de cinema inventam suas histórias, que um coreógrafo cria sua dança, que um engenheiro visualiza como será a construção de seu arranha-céu, enfim, todas as invenções e as construções, antes de se tornarem reais, passam primeiro pela imaginação.

Enquanto o bom uso do poder da imaginação eleva a criatividade de projetos e empreendimentos a patamares de genialidade, o mau uso desse poder pode se tornar algo terrível na vida de uma pessoa. O que aponta para a questão de que a imaginação, de fato, é uma faca de dois gumes. Listo alguns exemplos do mau uso da imaginação: pessoas imaginativas com pensamentos delirantes, que acreditam em coisas que não são reais.

Há pessoas que acreditam ter o poder para controlar as pessoas por controle remoto; há pessoas que usam a imaginação para inventar catástrofes e tragédias e contraem, assim, um estresse crônico; há o idealizador que inventa como as pessoas devem ser e agir, impondo-lhes o que é certo e errado; e há também os mentirosos que criam histórias falsas e mirabolantes.

Com a "faca da imaginação nas mãos", o indivíduo gera uma linha tênue entre lucidez e loucura. Assim sendo, fazer bom uso da imaginação requer atenção e foco, na tentativa de encaixar a imaginação na realidade.

Em suma, se o ideal triunfar sobre o real, seja bem-vinda, loucura! Se o real triunfar sob o ideal, seja bem-vinda, lucidez!

Tornando o sonho realidade

Por que alguns sonhos se tornam reais e outros não? O segredo reside na ponderação e no discernimento de saber quando um sonho cabe ou não em sua própria realidade. Não adianta imaginar coisas que estão além de suas possibilidades. Antes de viajar em seus sonhos, pergunte-se: "Meus sonhos são possíveis de realizar? Ou estou sonhando com coisas muito além de minha capacidade de torná-las reais?".

Por exemplo: sonhar em ganhar a estatueta do Oscar de melhor diretor, sem ao menos estar trabalhando com cinema. Se a pessoa sonha em ganhar o Oscar, já está dirigindo um curta-metragem pelo menos e sonha dirigir um longa, chegar ao Oscar torna-se algo um pouco mais possível.

No entanto, tudo ainda dependerá de muito trabalho e de muita energia aberta para o sucesso. Quem sonha com algo além do que pode realizar fica parado esperando por algo que não vai acontecer. E quando se dá conta de que o sonho não se realizou, percebe que a vida inteira passou.

Quer sonhar? Invista em seu sonho e trabalhe na direção dele com muita boa vontade, empenho, dedicação e, acima de tudo, com os pés no chão. Trabalhando dia a dia com afinco, seu sonho terá grandes chances de se tornar real.

Imaginação e insatisfação

"E se...". Quanta ilusão. Há coisa mais imaginativa que leva à insatisfação do que o "e se..."? As pessoas carregam em seus "bolsos mentais" uma farta quantidade de "e se eu tivesse feito aquilo", "e se eu tivesse escolhido outro caminho", "e se eu fosse mais bonito e inteligente"... Quanta pretensão! Quando você estiver insatisfeito ou encontrar um pessoa insatisfeita com ela mesma, pode ter certeza de que ambos estão com a cabeça imaginativa do "e se...".

Então, não é uma questão de "e se...", mas de "é assim". É na aceitação do "a coisa é assim" que podemos viver bem e satisfeitos com o momento presente. O "e se..." é um ótimo motor para aumentar a angústia daquele que acredita que a vida podia ter sido melhor, "se", é claro, tivesse feito tudo diferente. Pois é, mas não fez. Você fez o que podia fazer e passou pelo que tinha que passar. Aceite isso para ter um pouquinho de paz.

Tendo isso em vista, tenho uma proposta para você. Quer fazer diferente? Largue o "e se..." e comece a transformar seu momento presente na direção daquilo que gostaria. O aqui e o agora são o momento certo de escolher os caminhos que você deseja trilhar.

Mas fica um alerta: caso o "e se" caminhe junto com as mudanças que virão, amanhã, quando tudo estiver diferente, o "e se..." virá novamente para atazaná-lo. "E se eu tivesse feito diferente?". Não faça isso, pois o "e se" tornará sua vida um inferno recheado de insatisfações e perturbações. Seja lá o que a vida lhe trouxer, aceite o que vier. A aceitação é o único antídoto para o veneno do "e se...".

O bom uso da imaginação

Exercício imaginativo para trazer a cura

Varinha mágica

Imagine que você possua uma varinha mágica. De posse dessa varinha, sinta que tudo o que sua varinha tocar se tornará a cura. Se houver alguma doença em você, use-a e veja imediatamente sua cura. Enxergar-se já curado é a chave para que a varinha mágica funcione, e isso vale para qualquer doença. A mesma varinha pode ser usada em outras pessoas, e você não precisa ir até ela. Fique em silêncio e de onde estiver jogue o feitiço de sua varinha vendo a pessoa já curada. Já a veja de pé curtindo a vida com alegria.

Ficar na sua e emanar de longe bons fluidos é o jeito mais prático e eficaz para trabalhar a cura de alguém. O poder da cura está na consciência e no olhar, e a varinha é apenas um canal para trazer forma concreta ao poder de cura.

Exercício imaginativo para acabar com as angústias e as preocupações

O mar

Imagine sua praia preferida e posicione-se diante do mar. Sinta a areia fofa e macia, caminhe até molhar os tornozelos, estenda os braços e coloque sobre eles aquilo que está deixando-o angustiado ou preocupado. Ajoelhe-se no mar e entregue sua angústia e suas preocupações para que as ondas do mar as levem. Entregue-as para o mar e diga que confia que ele vai lhe trazer a solução. Deixe que o mar leve sua angústia e preocupação e, ao virar as costas, o mar já as terá levado.

39
INTELIGÊNCIA

Inteligência ou sofrimento

Na vida só existem dois caminhos: o da inteligência ou do sofrimento. Aquela frase popular "pelo amor ou pela dor" está completamente equivocada. Usá-la como ponto de referência em seu cotidiano é traçar a própria alienação. O amor por si só não possui uma sustentação segura nem serve como base para as relações humanas.

Basta se lembrar de tantas pessoas que cometeram e ainda cometem atos imprudentes e hediondos: guerras por poder, discórdias familiares devido à inveja e violência entre casais devido ao ciúme — tudo isso é feito em nome do amor. Se amar é ter de matar ou morrer, esse amor não é apenas cego, mas insano. O amor por si só gera sofrimento, pois quem ama cegamente acaba sufocando, machucando e prendendo a pessoa amada.

O amor precisa de uma luz que nos eleve e guie nossos sentidos para que não seja destrutivo e possessivo. E essa luz-guia é o poder da inteligência. Imagine que o amor é como uma criança pura, inocente e imatura e que a inteligência é um adulto consciente, experiente e maduro que vai orientar essa criança.

Na hora de brincar e saborear a vida, o amor por si só é delicioso e recomendado, contudo, na hora em que as questões do relacionamento começam a dificultar, é hora de a inteligência emocional tomar as rédeas a fim de evitar sofrimento.

Quanto à dor, ela independe da inteligência e do amor, porque é inerente ao ser humano. Você pode ser uma pessoa inteligente ou amorosa, mas, se bater o dedinho do pé no degrau da escada, sentirá dor. Quando se trata de uma dor amorosa — como acontece no término de um relacionamento —, se a pessoa reagir torturando-se em agonia e melancolia e mantendo-se trancada em um quarto escuro, ela terá feito a escolha pelo sofrimento. Porém, se ela aceitar que nada é para sempre e que a "fila anda" quando uma relação acaba, terá optado pela inteligência de seguir adiante sem apego e sofrimento.

Não há, no entanto, possibilidade de uma pessoa cair em sofrimento e ser inteligente ao mesmo tempo. Inevitavelmente, diante de uma situação, o indivíduo terá de decidir se agirá pela inteligência ou pelo sofrimento. Em qualquer situação, por mais difícil e complicada que ela seja, está em suas mãos renunciar ao sofrimento e seguir sua vida pela inteligência. Não se iluda mais, pois o sofrimento é opcional.

Amor inteligente

O amor sem inteligência torna-se egoísta e exclusivo, pois o indivíduo concentra seu amor apenas nas pessoas próximas de seu convívio (pai, mãe, filhos etc.). Com a entrada da inteligência, o amor torna-se generoso e inclusivo, pois se expande para além das grades da família e começa a tocar uma grande quantidade de pessoas.

Enquanto o amor egoísta e exclusivo prende o amor, o amor inteligente é livre para crescer mais e mais. Só ele é capaz de dissolver as fronteiras familiares, religiosas e culturais, cujas bases se sustentam no amor egoísta.

O amor inteligente tem a força para transformar o planeta em uma grande irmandade sem distinção e preconceito com quem é diferente. Só o amor inteligente constrói!

Ser certinho ou ser feliz?

Só há um jeito de viver: ou sendo certinho ou sendo feliz. Não dá para sermos os dois. Enquanto o certinho quer se enquadrar no padrão moral do que é certo para a sociedade, o indivíduo feliz tem consciência de que só será feliz se renunciar ao padrão de ser certinho.

De modo mais claro, o certinho é aquele que vive para agradar o outro, faz panca de politicamente correto e é mestre em fazer pose de moralista na frente dos outros. Seu dedo autoritário está sempre apontado para os que não comungam com suas normas e com seus padrões.

Ao ver uma pessoa dançando com soltura e espontaneidade, ele não hesita em criticá-la, dizendo que ela se desviou do caminho. No entanto, o dançarino não está nem aí para o moralismo barato do certinho. Ele não se importa se seu jeito de viver está agradando ou não aos outros. Ele que ser feliz, só isso.

Enquanto o certinho tem o aplauso e a consideração dos outros, mas por dentro está completamente infeliz e angustiado, o que escolheu ser feliz é alvo de críticas, ridicularização e julgamentos, porém, vive por dentro a celebração de ser livre para ser feliz. Largue os outros e seja feliz! Ainda dá tempo!

40
INTEGRIDADE

Construa sua base forte

A palavra integridade nos revela a magnitude de estar inteiro, de sentir-se pleno e preenchido. Sabe aquela pessoa que tem um ar de que é dono de si, de que sabe quem é e o que quer? É disso que estou falando quando me refiro a estar inteiro.

Mas veja bem: encontrar sua plenitude e seu preenchimento interior não se trata de chegar à iluminação espiritual e atingir a consciência plena. Isso é outra coisa. Primeiro, vamos trabalhar a base do seu ser, pois a consciência plena é um nível de evolução que paira na dimensão búdica. Não precisamos ir tão longe assim neste momento. Já me darei por satisfeito por você se portar com integridade no seu dia a dia. Por isso, antes de conquistar o céu e as estrelas, conquiste a terra.

Traduzindo, antes de alcançar o amor incondicional, conquiste a confiança e o respeito por si, pois essas são as bases de sua morada interior. Ninguém pensa na importância de se respeitar e de ter confiança em si. A mídia, os filmes de drama e as comédias românticas, os livros, as novelas, o teatro, a pintura e a poesia só falam do amor e de como a vida sem amor não é nada.

As pessoas não percebem que, quando falam do amor, estão falando do telhado da casa e que, sem a base da autoconfiança e das paredes do respeito por si, não existiria o amor.

Por esse motivo, não comece sua casa interior pelo telhado, não tente se amar. Primeiro, busque confiar em si e se respeitar, pois, quando você menos imaginar, o amor por si vai brotar e você construirá um preenchimento interior tão substancial que se sentirá inteiro consigo mesmo e com as atitudes que manifesta.

Preservando sua paz interior

A melhor maneira de você preservar sua integridade é zelando por sua paz interior. É somente na paz que as coisas fluem, pois tudo entra em equilíbrio. As pessoas, em sua grande maioria, associam a paz ao fato de não terem problemas de qualquer espécie. Preocupação, dificuldade, conflito, atribulação, interferência, ruído, confusão e obstáculo são representações de uma experiência de vida sem paz.

A paz, então, torna-se dependente de um ambiente externo que não cause tumulto e estresse. As pessoas dizem: "Se a vida ao meu redor estiver tranquila, sem preocupações, sem problemas a serem resolvidos e sem ninguém me enchendo o saco, terei paz".

É preciso que as coisas em seu entorno estejam em um sossego e em uma quietude intocáveis para que o indivíduo experimente um momento de paz.

O sujeito, no entanto, pode por um instante viver um momento de descanso e calmaria, porém, quando aparecer outro contratempo, a tranquilidade irá embora. E isso é o que eu chamo de falsa paz.

A paz não está ligada a estar em um ambiente silencioso ou desprovido de empecilhos, mas atrelada a fatores intrínsecos ao ser humano. Quando uma pessoa conquista sua paz interior, nem mesmo o caos exterior provocado por uma criança mimada esperneando ou por um espírito zombeteiro obsessor, que gosta de atazanar os outros, irão ameaçar sua paz.

Ter paz é ter habilidade para lidar com as adversidades e as contrariedades, sem ficar impactado e afetado com a comoção que vem das pessoas e do mundo.

Aqui vai um toque: a vida e as pessoas não vão se aquietar para que você tenha paz. É você quem tem de se dar paz encontrando seu silêncio. É no silêncio interior que mora a verdadeira paz.

A diferença entre ser honesto e ser sincero

O símbolo mor de uma atitude íntegra está em expressar honestidade e sinceridade. Entretanto, contamos no dedo quem é honesto e sincero. Ser os dois ao mesmo tempo é algo raro. Talvez por acreditar que as duas qualidades sejam sinônimas, você pense que quem é honesto consegue ser sincero.

Uma coisa, porém, é ser honesto; outra é ser sincero. Culturalmente, atribuíram a essas palavras definições bem diferentes das que vou apresentar. Honesto é aquele que fala o que pensa; sincero é quem expressa o que sente. A honestidade reside na cabeça, e a sinceridade no coração.

Deste modo, alguém que devolve a carteira com dinheiro ao seu dono não está, necessariamente, agindo pela honestidade, mas pela sinceridade de ser movido por uma compaixão que o impeliu a devolvê-la. Essa pessoa, não sabendo quem é o dono do dinheiro, sente vontade de ficar com ele, mas age sendo sincero consigo mesmo.

Mas caso essa pessoa diga, no momento de entregar a carteira ao dono, "o senhor precisa tomar mais cuidado com seus pertences", ela também estará sendo honesta por falar o que pensa.

Em contrapartida, ser desonesto é não falar o que pensa estando diante de alguém, ou seja, mentir para si mesmo ou ser falso com as pessoas. E o insincero é aquele que finge que está feliz quando está triste e que sorri quando quer chorar. Ser uma pessoa que fala o que pensa e expressa o que sente o torna uma pessoa ética e de caráter forte e, portanto, imensamente íntegra.

Eu posso, eu quero e eu consigo

Não existe maneira mais íntegra de agir diante daquilo que você anseia conquistar do que pensar em uma ideia, um desafio ou um projeto e dizer para si mesmo com todo o seu esplendor: "Eu posso, eu quero e eu consigo".

Quando você sente essas palavras vibrando em sua veia, é praticamente impossível não concretizar seu objetivo ambicionado. Nessas palavras, todo medo e toda ansiedade se esvaem devido à confiança de que aquilo que você vai desempenhar foi feito sob medida para você. Nada será hábil para fazê-lo parar. Nem a inveja nem a magia negra lhe serão um obstáculo ou um impedimento.

Quando você se apossa do "eu posso, eu quero e eu consigo", sua energia afasta qualquer contrariedade e cria um fluxo em direção ao que você almeja fazer. O poder da integridade do "eu posso, eu quero e eu consigo" é a prova de que ninguém tem o

167

poder de impedir seus projetos e seus empreendimentos, pois, quando você entra nessa energia, nada pode segurá-lo. A única pessoa que pode bloquear seus intentos é você mesmo. Você é seu único inimigo.

Se você acredita que não pode fazer ou não merece tal coisa, a coisa não se realiza. Você tem um projeto de vida que deseja concretizar? Então, tenha coragem, fique firme e diga: "Eu posso, eu quero e eu consigo".

41
SENSUALIDADE

Sensualidade x sexualidade

Muitas pessoas confundem sensualidade com sexualidade. Por exemplo: uma menina que dança com exuberância e soltura, alongando e envergando a perna, confere conotações sexuais aos movimentos. Há pais que até proíbem suas filhas de fazerem tais movimentos.

Por outro lado, existem mulheres que fazem poses eróticas, ficam peladas, abrem as pernas e mostram a vagina, e muitos dizem que ela é sensual. Embora a sensualidade possa estar na sexualidade, uma coisa é ser sensual e outra é ser sexual.

A sexualidade liga-se a impulsos voltados a satisfazer às necessidade sexuais, como o ato sexual propriamente dito. Sabe aquela atração, aquela química que você sente por uma pessoa?

É a energia da sexualidade. Basicamente, sua força se liga às preferências ou experiências sexuais. Pelo prisma da espiritualidade — no qual se firma este livro —, a sexualidade é uma força do poder da sombra, portanto, o corpo físico-biológico (órgãos genitais) e o bicho instintivo, que sente tesão, quer fazer sexo e reproduzir a espécie.

Já a sensualidade — que também vem da sombra — está na esfera sensual da exuberância e sensória, abrangendo a sensibilidade. Por exemplo: um médium, cuja sensibilidade é extrassensória, usa e abusa do poder da sensualidade para sentir a energia dos seres do astral e do ambiente ao seu redor. Você pode ser muito sensual sem ser sexual, assim como acontece com as crianças.

Os pequenos são carismáticos e gostam muito de serem eles mesmos. Brincam e dançam do jeito deles, sem se ligarem à opinião dos outros. Os pequerruchos emanam energia sensual quando se reconhecem no espelho e adoram a própria imagem.

E agora que você sabe que sensualidade não é sexualidade, não tenha medo de dizer que crianças são sensuais por adorarem ser elas mesmas.

A sensualidade está no campo de sentir-se, de sentir o mundo e de expressar o que se sente. Ela estabelece uma ligação direta com a alma, que se expressa pelo prazer e pelo desprazer através das vibrações sensórias do poder da sensualidade. E o prazer a que me refiro são os que fazem a alma vibrar e irradiar sua luz, e não os falsos prazeres do vício das drogas, que apagam a alma e entorpecem o poder da sensualidade.

Prazer e desprazer

Por estabelecerem uma aliança entre o corpo físico e a alma, a sensação de prazer e a sensação de desprazer tornam-se uma bússola valorosa, que aponta como viver bem ou mal.

Gostaria muito que as pessoas fossem mais ligadas e perceptivas em relação ao próprio corpo e às sensações de prazer e desprazer, porque, se todos respeitassem o poder da sensualidade, não teriam doenças e tampouco seriam pessoas amarguradas e infelizes com a própria vida.

Contudo, os que as pessoas fazem? Em vez de se orientarem pelas sensações de prazer e desprazer, elas dirigem suas vidas pelo que a família e a cultura determinam como sendo certo ou errado, bom ou mau.

Se seu corpo sente prazer e desprazer, para esses padrões institucionais isso pouco importa. Alguém sempre pode argumentar que determinada prática é pecado, como, por exemplo, a crença religiosa que aponta que o sexo, por si só, pertence às forças demoníacas e que aquele que praticá-lo fora do casamento deve ir para as profundezas do inferno.

No entanto, quando alguém faz sexo é para o céu que ele vai. O corpo físico relaxa, a mente se esvazia e a alma fica inflada de prazer. É por essas e outras que você só deve se orientar pelo prazer e pelo desprazer do poder da sensualidade ligado à sua alma.

O poder do prazer é simples: se ligue ao seu corpo. A partir daí, se tiver prazer no que faz, continue o que está fazendo, mas, se sentir desprazer, pare o que está fazendo e busque algo que lhe dê prazer de viver. Siga essa lei e viverá uma vida extraordinária em todos os âmbitos.

Exuberância

Uma das maiores virtudes do poder da sensualidade, definitivamente, é a exuberância. Sentir-se atraente, cheio de alegria e graciosidade são características que compõem a exuberância. O ponto de impacto do poder da sensualidade é a energia de vigor e vitalidade que a pessoa exuberante emana no ambiente.

Sob a lente da bioenergética, sua exuberância é um potente canal de cura de doenças e de ambientes carregados. Sua fonte de cura vem do corpo etéreo vital que produz um fluido de energia astral e material chamado ectoplasma.

Desta maneira, quem "prende" a exuberância se torna propenso a ficar doente por interromper o fluxo de ectoplasma que promove a saúde. O medo de se expor diante das pessoas é o grande vilão da sua exuberância.

Uma vez que o poder da sensualidade adora se expressar com coragem, soltura e graça, o medo de errar e de "fazer feio" na frente das pessoas "prende" a força exuberante, que não está nem aí para o que os outros vão achar. Se sua saúde está ruim e o ambiente em que vive está pesado, não é de reza, vela, incenso, arruda que você precisa, mas soltar sua exuberância, externando seu carisma e alto-astral. O ectoplasma que vai sair de seu ser vai regenerar tudo à sua volta.

Elegância e fino trato

O que é ser elegante e ter fino trato para você? É se vestir bem e ter bons modos?

Ser elegante e ter fino trato é muito mais que usar uma roupa chique e se comportar bem em um jantar de gala por conhecer todas as regras de etiqueta. Ser elegante e ter fino trato é ser substancial, apurado e seleto em suas ações, e isso se reflete em uma postura firme e confiante de não se envolver com negatividade ou com lixo tóxico emocional alheio.

É não se meter em brigas, baixaria, fofocas, encrencas e confusões. É selecionar o que vai pensar, falar, sentir e fazer e não ficar pensando besteira nem ruminando negatividade, afinal, na pessoa elegante e de fino trato os pensamentos são sempre claros e positivos.

No quesito falar, a pessoa elegante e de fino trato usa as palavras com sabedoria e não fala quando não tem nada a dizer. Ela recorre ao silêncio para não se meter no que não é chamado. Se sabe, diz que sabe. Se não sabe, diz que não sabe. O sentir vem da alma e está preenchido de prazer, alegria e harmonia.

Pelo fato de seus sentimentos estarem cobertos de apreço e autoestima, essa pessoa não reage emocionalmente à inveja e ao ciúme; ela apenas os ignora. Em vez de dar crédito à negatividade, gosta de ficar ao lado de gente bonita e de sucesso, e seu fazer é regido pela lei do prazer da alma. A pessoa que é elegante e de fino trato só faz o que gosta.

No geral, ter elegância e fino trato é jogar fora o que é ruim e ficar com o que é bom.

42
SEXUALIDADE

Sexo e repressão sexual

O ponto central do poder da sexualidade — que é para mim fonte de vida e força — é o sexo (que aqui me refiro ao ato sexual). É por meio dele que os sentidos vêm à tona: por meio do toque, das carícias, da troca de saliva com o beijo, do cheiro, do som dos gemidos e dos sussurros e da visão de se enxergarem nus. Tudo isso excita a sombra instintiva que adora o sexo, pois revigora o instinto e a saúde física.

É importante esclarecer que na hora do sexo não fazemos amor, fazemos sexo, tudo bem? Por isso, o ser humano é capaz de fazer sexo sem sentir amor pelo outro, mas somente pela busca do prazer, do êxtase de sentir o orgasmo, o gozo.

Por conta de algumas crenças e religiões, que distorcem o poder natural do ato sexual e criam a imagem de que o sexo é pecado e coisa do diabo, o ser humano acaba levantando um muro entre ele e a prática sexual, que é vista como perversa e impura. Essas crenças e religiões querem controlar como as pessoas devem fazer sexo, pois o pintam como algo sujo, obscuro e contra Deus.

Deste modo, dá-se início à repressão da prática sexual e perde-se o jeito espontâneo, inocente e natural de encará-lo. É dessa forma que as pessoas passam a suportá-lo como se fosse um monstro tenebroso, que vem para corromper as almas, transformando os seres em demônios libertinos.

É justamente devido ao fato de o sexo ser apresentado como um ato imundo, vulgarizado e que deve ser reprimido, controlado e proibido que as pessoas desenvolvem anomalias e comportamentos bizarros nos atos sexuais. Ou você acha que é por acaso que existe pedofilia, necrofilia e tantas outras práticas sexuais mórbidas? Todas essas práticas são reflexos da energia sexual saudável reprimida, que é transformada em uma energia mórbida, gerando comportamentos sexuais bizarros para satisfazer às fantasias de pessoas psicóticas. Enquanto houver repressão, a energia sexual será corrompida.

Para acabar com todas essas anomalias, é preciso que os pais, os canais educadores e a sociedade apresentem aos indivíduos no início da adolescência o sexo como uma forma natural de trazer equilíbrio à vida, sem qualquer tabu! O sexo alavanca a autoestima, a confiança e puxa a força de viver, isso, é claro, se for praticado com consciência e sem qualquer repressão. Uma pessoa bem resolvida sexualmente e feliz no ato sexual se torna mais segura, ousada, corajosa e confiante. Definitivamente, os falsos poderosos sujam o sexo, porque ele torna as pessoas poderosas e indomáveis!

Relação sexual com intimidade

Para você, o que é ter intimidade com o parceiro sexual? É conviver com a pessoa por muitos anos? É estar casado e dividir a escova de dentes? É fazer a posição sexual "papai e mamãe"?

Entre um casal, a intimidade não está ligada ao tempo de convivência ou a dividir momentos bons ou ruins juntos, mas sim à qualidade desses momentos que essas pessoas vivem. Por exemplo, em uma relação afetiva ter intimidade é estar à vontade, sem máscaras e sem pose, mostrando-se no real das diferenças, das fraquezas e das virtudes. O relacionamento se torna de fato íntimo na relação sexual.

Se você é daquelas pessoas que gostam de fazer sexo com a luz apagada, que se escondem embaixo dos lençóis para o outro não observar seu corpo nu, que morrem de vergonha de se soltar, que impõem a si mesmo regras na hora de fazer sexo, isso é reflexo de que não há intimidade alguma entre você e seu parceiro.

No momento em que não houver no sexo imposições e controle e em que o sexo for algo espontâneo e natural, aí sim haverá intimidade. A prática sexual entre o casal precisa ser livre, leve e solta, caso contrário, serão apenas dois estranhos descarregando a tensão do estresse sem curtirem um ao outro. Sem medo, mostre-se pelado, abrace, acaricie, beije incessantemente e compartilhe sua fantasia sexual com o outro.

Ao renunciar as regras de "isso pode e aquilo não pode", a qualidade do sexo dará um grande salto do ponto morto para a sexta marcha. O segredo de um sexo gostoso está na qualidade íntima do casal de se mostrar de corpo e alma e se entregar por inteiro na cama.

Homossexualidade faz parte da natureza humana

Aprovando ou não a questão, a homossexualidade faz parte da natureza humana. Até mesmo no mundo selvagem existe o acasalamento dos animais do mesmo sexo. O leão é assim. Ele se acasala com outro leão, mas nem por isso a natureza vai excluí-lo por concebê-lo com um ser antinatural. Muito pelo contrário, o leão é considerado o rei dos animais até pelos seres humanos.

Desde sempre, homens e mulheres se relacionam com pares do mesmo sexo. Homens que viviam em guerra e viajavam com exércitos, passando meses e até anos longe de suas esposas, faziam sexo com outros soldados neste meio tempo. Alexandre, o Grande, foi um exemplo dessa configuração nos períodos de guerra e conquista.

A imagem do homossexual, no entanto, é vista em nossa sociedade como algo antinatural, e a homossexualidade é vista como uma doença que precisa ser combatida e curada. Em primeiro lugar, a homossexualidade não é um vírus que você possa contrair e que contagia as pessoas.

Ninguém se torna homossexual por conviver com um indivíduo homossexual. Por essa razão, a homossexualidade não pode ser vista como uma doença, mas sim como uma forma natural de ser. Lembre-se de que todo homossexual nasceu de um ato sexual heterossexual. A homossexualidade também não é uma escolha. Nenhuma garota diz: "Cansei dos garotos, agora vou virar lésbica e namorar garotas".

Vale frisar que, por não se tratar de um desvio de comportamento, não existe reorientação sexual para converter o homossexual em heterossexual, como alguns psicólogos charlatões defendem. Aliás, como fora mencionado no poder do temperamento, ser homossexual ou heterossexual depende do temperamento. O fato de existir a homossexualidade é a prova de que a natureza permite, e, se permite, é natural.

Sendo assim, ninguém tem que se intrometer na orientação sexual do outro. É um direito individual de cada um ter a orientação sexual que for. Tendo dito, o homossexual não deve esconder sua orientação sexual de ninguém. Não se preocupe com o preconceito dos outros. No momento em que você se aceitar e se assumir, os outros também vão respeitá-lo.

Não deixe de ser feliz por causa dos outros. Saia da jaula e vá ser feliz!

43
EMOÇÃO

A diferença entre emoção e sentimento

Se você perguntar às pessoas o que é emoção e o que é sentimento, certamente ouvirá que são a mesma coisa. Sinto desapontá-lo, mas uma coisa é emoção, outra é sentimento. Vamos esclarecer a diferença?

Um dos significados da palavra emoção é o "ato de deslocar, movimentar". Em outras palavras, as emoções são cíclicas e volúveis, como as ondas do mar, que vêm e vão.

Gostaria de destacar três tipos de emoções: raiva, ciúme e inveja. Quando acontece uma explosão das ondas das emoções contra as pedras da contrariedade e da não aceitação, este é o momento em que a pessoa estoura de raiva, de ciúme e de inveja. Por serem voláteis, as emoção não são duradouras, e por essa razão você não consegue sentir raiva, inveja e ciúme o tempo todo. A raiva vem, estoura em seu ápice e depois se esvazia.

Enquanto o movimento da emoção se dá na superfície e na periferia do ser, o sentimento acontece no âmago do ser. Ou seja, se a emoção é como uma onda que arrebenta no "vem e vai", o sentimento é o fundo do mar: profundo, amplo e poderoso.

Os sentimentos são também duradouros. Você pode amar uma pessoa por toda a vida, contudo, mesmo que sinta raiva dela em alguns momentos, o sentimento de amor permanece intacto brilhando por trás da nuvem densa e escura.

Por fim, as relações tempestivas e conflitivas pairam na bolha das emoções e as relações substanciais e essenciais mergulham no mar dos sentimentos.

Está com raiva? Saia da frequência

A raiva é uma emoção que faz o corpo vibrar em ondas fortes e arrebatadoras. É uma reação a algo considerado inaceitável. Quem tem o "pavio curto" e sente o sangue subir à cabeça sabe que a raiva aparece como uma energia reagente em ebulição, que ferve até evaporar. E quando se dá conta, a pessoa já entrou em discussão, tornando a relação uma grande disputa de poder.

Para os raivosos de plantão, trago-lhes uma solução para cortar a energia de raiva que leva ao desgaste mental e físico: saia da frequência da raiva. Em vez de ficar discutindo sobre quem está certo ou errado, antes de a coisa se agravar, saia do local.

Há várias coisas que você pode fazer: ir ao cinema, ir ao parque, tomar um sorvete, que é excelente para ajudá-lo a esfriar a cabeça, enfim... vá passear! Se não puder sair porque tem que trabalhar, faça algo que o ocupe por inteiro, mas o faça em um ambiente longe da pessoa por quem você sentiu raiva.

Horas depois, quando voltar a vê-la, a energia será outra e você perceberá que não haverá motivos para discutir de novo. E quando voltar com a energia mais calma, o outro sentirá sua energia e mudará com você.

O ciúme é baixa autoestima

Diferente do que as pessoas acreditam, o ciúme não é uma prova de amor. O ciumento esconde-se atrás do escudo do "amor vazio e nada inteligente" para acorrentar e prender a pessoa desejada. Já o amor puro e verdadeiro, esse sim, é aliado à inteligência liberta e solta. Fixe bem: o ciúme é uma doença psíquica que reverbera em desequilíbrio emocional. É um vazio de si mesmo que corrói as entranhas. É uma necessidade de si mesmo que é projetada com avidez no outro.

Os sintomas do ciúme aparecem na forma de possessão e domínio do objeto de desejo. O ciumento proclama: "Você é meu e de mais ninguém!". Sua insegurança aparece quando uma terceira parte aparece no meio da relação.

Quem tem ciúme se compara com a outra pessoa e, como resultado, acaba se sentindo inferiorizado em relação àquele com quem se comparou. O medo de ser trocado por outro revela de que é feita a base do ciúme: da baixa autoestima. O ciumento não se sente digno o suficiente para estar na companhia da pessoa desejada.

Deste modo, a solução para acabar com o ciúme é uma só: elevar a autoestima. Quando a autoestima é elevada, os pilares do apego, da comparação e insegurança desmoronam. Uma vez preenchido de apreço a si mesmo, o outro deixa de ser o espelho das cobranças e faltas consigo mesmo para ser uma boa companhia a ser desfrutada.

A comparação causa inveja

A inveja brota em um indivíduo da frustração, quando ele vê o sucesso do outro em contraste com sua falta de conquista e realização. Há no invejoso um sentimento de impotência, pois ele sente-se indigno e incapaz de conquistar o que o outro conquistou.

Existe também um tipo de invejoso crônico, que, mesmo realizando feitos, sente inveja de quem também realizou algo. O invejoso, assim como o ciumento, também tem baixa autoestima e faz perguntas do tipo: "Espelho, espelho meu, quem é mais inteligente, mais bonito e rico do que eu?". Imerso em sua frustração, o invejoso tem raiva de quem brilha e vive um dilema: se em seu julgamento ele sentir que é menos que o outro, será tomado por inveja, mas, se sentir que o que tem é melhor que o do outro, ficará com medo de mostrar o que conquistou para não sofrer inveja. O invejoso vive aprisionado na bolha da inveja.

Cortar a inveja é simples: deixe os outros para lá, pare de fazer comparações e comece a valorizar as coisas que conquistou.

Não reaja! Aja!

Existem dois tipos de pessoas: as que reagem e as que agem. Quando uma pessoa sente raiva, ciúme e inveja, ela está reagindo a algo que considerou contraditório e inaceitável. A reação faz do indivíduo um fantoche dominado. Imagine uma situação em que uma pessoa lhe bate, e você, com raiva, revida. Eu venho aqui para lhe dizer: não reaja! Aja.

Em vez de revidar na mesma moeda, entregue sua sentimento de compaixão. A outra pessoa cuspirá a raiva, e você, simplesmente, se manterá calmo diante dela. Substituir uma reação por uma ação corta de imediato o pavio da bomba.

A proposta é não responder emocionalmente, mas agir sentimentalmente. Agindo assim, você deixará o outro lado desconcertado e tomado por seu sentimento.

44
SENTIMENTO

Amor puro

Nas profundezas do seu ser residem os sentimentos puros, tão puros que poucas pessoas nesta vida conseguem experimentá-los de verdade. Entre eles destaco: amor, ternura, compaixão, paz, bem-aventurança, calma e tranquilidade.

No mundo em que vivemos é realmente raro um ser humano manifestar amor. Vale ressaltar que o amor puro não tem nada a ver com a versão de amor que as pessoas dizem sentir. Uma pessoa diz "eu te amo", mas precisa passar por um monte de regras e imposições para ser amada. Controle e posse em relação ao outro não é amor, é carência de amor, o que é bem diferente.

Tome muito cuidado quando alguém lhe disser "eu te amo", pois muito provavelmente essa pessoa terá algumas condições para poder amá-lo. "Eu te amo, mas você tem que mudar esse seu jeito mandão". É mais fácil encontrar alguém sincero quando diz que está com raiva e ódio de você do que quando diz que o ama.

Não estou dizendo que o amor sincero não existe, mas que o amor puro não é detectado com palavras, e sim com atitudes. Aliás, são poucas as pessoas que sabem amar, pois não usam o outro para preencher o vazio de alma e a carência de sentimentos.

Para amar alguém verdadeiramente, você precisa primeiro se amar por inteiro. O amor não está no outro, mas dentro de você. Você acha que está amando seu pai, seu marido ou seu cachorro, mas na verdade é seu amor que está sentindo.

Portanto, quando você ama alguém é a si mesmo que está amando. Se você não se ama não poderá também amar alguém. Então, ame-se para amar e ser amado!

Compaixão

Outro sentimento que também é distorcido e pouco demonstrado é a compaixão. E o que é compaixão? É o ato de compreender a ação, o que é completamente oposto àquilo em que as pessoas acreditam.

Há por parte das pessoas uma total incompreensão, que é transformada em sentimentos ruins como dó ou pena. O dó, como o nome diz, dói e traz dor. A pena nos leva à inferiorização do outro.

Já a compaixão emana um sentimento de ternura e afeição para quem está em sofrimento ou para quem está com dificuldade. Existe a compreensão de que o outro não é vítima, mas um ser humano que "atraiu" aquilo pelo que está passando para poder se desenvolver interiormente.

Na compaixão, um indivíduo em sofrimento não é melhor ou pior que ninguém e tampouco é um coitado por estar sofrendo. No dia em que olharmos para uma situação sem qualquer julgamento ou condenação, mas compreendendo que existe um motivo por trás de qualquer infortúnio, experimentaremos a compaixão.

Sentimentalismo

Por incrível que pareça, o sentimentalismo não tem ligação direta com o sentimento, mas sim com um estado emotivo de falsidade. Por ser falso aquilo que o sentimentalista sente, ele chora lágrimas de crocodilo para manipular as pessoas e conseguir o que quer.

Por exemplo: imagine um adolescente que chora porque o pai não lhe comprou um *video game*, mas que sabe que assim o genitor cederá ao seu sentimentalismo. Imagine também uma menina que faz birra no supermercado e que começa a chorar para a mãe lhe comprar um saco de bala ou pense ainda no exemplo de uma mulher que chora no velório do marido, mas que, na verdade, sente um alívio com a morte daquele homem. Há por parte do sentimentalista um modo de fingir e atuar que convence a todos.

No entanto, se o jogo do sentimentalista é controlar o outro com sua chantagem emocional para conseguir o que quer, cabe a quem é alvo do sentimentalismo identificar as tramoias e não ceder. Enquanto houver pessoas fáceis de serem manipuladas, existirão pessoas sentimentalistas.

É raro encontrar um ser humano que expresse verdadeiramente o que sente, ou seja, mostrar-se amoroso quando quer ser amoroso ou expresse rispidez quando quer ser rude. O trivial é encontrar pessoas falsas que fazem panca para agradar os outros.

Para os sentimentalistas, aqui vai um recado: consiga o que quer por merecimento próprio, não "forçando a barra". Vai por mim: para fingir, é preciso gastar muita energia. Ser sentimentalista cansa! Seja sincero e verdadeiro, pois, além de economizar energia, seu poder de persuasão será muito mais poderoso. A verdade cedo ou tarde sempre ganha da mentira.

Diga o que sente com sinceridade

Quando alguém o desrespeita passando por cima dos seus sentimentos e, sem seu consentimento, tenta a todo custo mudar seu jeito de vestir e falar, você se sente chateado e entristecido. E o que você faz quando isso acontece? Diz com sinceridade que está se sentindo mal pelo fato de a criatura desejar mudar seu jeito de ser ou fica remoendo a ferida?

Sei que fomos ensinados pelos nossos pais a não ferir os sentimentos das pessoas, mas para tudo há limite. Você é ensinado que pode se magoar e se ferir por dentro, mas precisa ter consideração pelo sentimento do outro. Está tudo errado! Em primeiro lugar é preciso zelar por seus sentimentos. Não me leve a mal, mas o outro que cuide dos próprios sentimentos.

Quando você é sincero com seus sentimentos e diz: "Não gosto do fato de você querer mudar meu jeito de ser e estou chateado e triste por você não me respeitar", sua sinceridade coloca o limite e o respeito para que a outra pessoa não o machuque novamente.

Mas, se mesmo assim, não houver o respeito, é sinal de que você precisa ir embora da vida dessa pessoa. Se o outro não o aceita do jeito que você é, não há possibilidade de existir uma relação saudável, então, é melhor afastar-se. Quando você é sincero e mostra para a outra parte o quanto se sentiu triste com uma palavra ou um gesto, isso mantém o respeito na relação. A base de um relacionamento forte depende da capacidade de seus membros terem um diálogo sincero entre si.

45
PENSAMENTO

Avalie e vigie suas crenças

A crença, que pode ter como base o senso comum, a filosofia, a religião, a política, a ciência, a intelectualidade, a espiritualidade etc., vem de uma ideia ou de uma premissa que é adotada por convicção ou fé de que é verdade. O motivo pelo qual sugiro avaliar e vigiar as crenças, as quais se ancoram no seu ser profundo, é porque por meio delas nascem os padrões de pensamento, os hábitos e as atitudes que você manifestará em seu cotidiano.

Em cima desse processo, dessa crença, desse hábito e dessa atitude são construídos os acontecimentos de sua vida. É ou não é importante avaliar e vigiar as crenças que você absorve? De uma crença como "tudo para mim vem fácil" não apenas surgem pensamentos favoráveis para que as coisas fluam em sua vida com facilidade, como também hábitos e atitudes em sintonia com essa fluidez.

Se hoje seus pensamentos, seus hábitos e suas atitudes vão contra esse fluxo, se tudo o que você faz, por exemplo, vem com sacrifício e com sofrimento, vigie e avalie qual crença está conduzindo-o e verá que, no seu âmago, há uma crença de que tudo para você vem com luta e dificuldade.

Por esse motivo, não adianta pensar positivo, ser otimista ou procurar coisas que você acredita que lhe trarão felicidade. Enquanto não mudar a crença desfavorável de que as coisas não vêm com facilidade, até mesmo as coisas boas da vida aparecerão para você na forma de obstáculos e dificuldades.

Uma forma eficaz de detectar que crença está imersa em você é observando como aspectos de sua vida (como saúde, trabalho, afetivo e família) estão neste momento. Caso alguns deles ou todos estejam desfavoráveis, mude a crença que sustenta tal âmbito. A dica que dou é: leia novamente o poder da sugestão!

Não pense muito! Faça acontecer!

Quando uma oportunidade aparece e você se questiona se deve agarrá-la ou não, quando você finalmente decidir o que fazer pode ser tarde demais. A oportunidade é como um trem: ou você embarca ou não embarca. Se pensar demais para entrar no vagão, a porta do trem fechará com você dentro ou não.

A oportunidade não espera. Se não a agarra no momento em que ela aparece, outra pessoa pega a oportunidade em seu lugar. E não se engane! No mundo dos negócios e das oportunidades você é substituível.

Há sempre um "ratinho doidinho para comer seu queijo". Quem pensa muito só o faz por estar indeciso, se questionando se deve abraçar a oportunidade ou não, ou por estar em dúvida se aquela é a oportunidade certa. Em ambos os casos, o ato de pensar muito mostra insegurança. Quem realmente sabe o que quer não pensa; vai lá e faz.

Eu costumo dizer que as pessoas indecisas são agentes sabotadores da própria realização. São pessoas que pensam: "Vai que dá certo, e eu não dou conta do recado?" ou "É melhor ficar na dúvida e na indecisão para aliviar minha barra". Para você que quer sucesso e realização, eu lhe digo: se a oportunidade surgiu é porque ela foi dada a você, portanto, a única coisa que você tem a fazer é embarcar nesse "trem".

Para que pensar se deve ir ou não? Aventure-se e entregue-se de corpo e alma à oportunidade. E se durante a jornada você não se sentir contente pela escolha, saiba que é livre para sair do trem e embarcar em outro vagão.

Quando pensamos muito, perdemos o melhor nesta vida, que é a aventura de viver novas oportunidades e novas experiências. Neste sentido, usar bem o poder do pensamento é deixá-lo em *stand-by* e se permitir ser levado pela nova aventura. Não pense! Sinta! Não pense! Faça acontecer!

Pense grande

Se for para pensar em algo, que pelo menos seja em algo grandioso. Ah! Você não pensa grande?! Mas o que o impede de pensar grande? De querer o melhor para si? Ah, já sei! A falsa modéstia do temente a "Deus", que se julga desmerecedor das coisas grandes. Você pensa: "Quem sou eu para ser alguém ou ter riqueza na vida?". As pessoas que pensam assim, além de não se sentirem dignas de conquistar algo grandioso, acreditam que há dentro delas crenças como "nasci para ser pobre" ou "sou sempre o último da fila".

Aqui não está em jogo pensar grande para adquirir coisas caras e finas. Isso tudo é bom, porém, eu quero mais do que o dinheiro possa comprar; eu quero que você pense grande a ponto de se ver como um grande merecedor da felicidade, da paz e, é claro, da riqueza, da saúde, do pacote completo.

Diga para si mesmo até imprimir a coisa na forma de crença: "Sou um excelente recebedor de dinheiro!", "Sou um excelente recebedor de bênçãos!". Mas preste bem atenção: o segredo de pensar grande não está em ter pensamentos grandes e positivos, e sim em imprimir uma crença tão forte em seu âmago que o fará sentir-se positivo e merecedor das coisas grandiosas. Agora sim, a prosperidade vai jorrar em sua vida!

46
MATERIALIDADE

Matéria em ação

Da mesma maneira que espiritualidade é colocar o espírito em ação, o poder da materialidade é colocar a matéria em ação. Quando você tem uma ideia, um pensamento, um sentimento, uma atitude, um projeto, um empreendimento que se tornou real, isso constitui sua materialidade.

O ponto de impacto da matéria em ação é quando a pessoa vive sua realização pessoal e profissional. Sentir-se realizado consigo e com as coisas que faz é o aviso de que você está alinhado com seu propósito de vida. Ampliando o ângulo de visão, a realização significa por o real na ação. Ou seja, quando você está realizado, isso é o reflexo de que pôs seu real na ação.

A base para alguém alcançar a realização reside em ser hábil para viver a própria realidade na medida de suas capacidades, suas habilidades e seus limites e está em não criar ilusões, esperanças e expectativas que distorcem o mundo real e destroem a capacidade de realização.

O porquê de você ter nascido neste planeta

O verdadeiro motivo de você estar aqui não é nada daquilo que seus pais lhe disseram, que os padres e pastores afirmam e muito menos o que a sociedade proclama pelo senso comum. Ou seja, você não está aqui para ter de cuidar dos pais na velhice, zelar pelos outros, fazer filantropia, salvar o mundo ou para pagar os pecados e carmas. Você veio para cuidar de si e se desenvolver como ser humano. Todo o resto é apenas instrumento para seu desenvolvimento como indivíduo.

Qualquer ser humano que nasceu neste planeta — incluindo seres evoluídos como Mahavira, Zaratustra, Osho, Gautama Sidarta, Khrishna, Lao-Tsé, Sócrates, Platão, Michelangelo etc. — veio ao mundo com o intuito de cuidar e zelar pela própria individualidade e desenvolver seus potenciais e talentos. Mesmo o ser mais evoluído necessita passar pela experiência de lidar com a materialidade e assim expandir ainda mais a consciência.

Sem exceção — e isso o inclui —, todos que nasceram neste planeta Terra vieram ao mundo para aprender a lidar com a matéria, colocando-a em ação pela materialidade. Na lista de coisas a serem experimentadas e desenvolvidas, eu cito: encarar a própria escuridão e ignorância; buscar sua luz pela lucidez; intensificar as qualidades; pôr os talentos para fora e usufruir com alegria e conforto da vida material. Seu único compromisso é aprender a lidar consigo mesmo no mundo material. Você já conquistou seu espírito por ser eterno; agora é hora de conquistar sua materialidade.

Viva esta vida com toda a sua intensidade!

A verdadeira evolução espiritual

A grande maioria das pessoas considera evoluídos espiritualmente aqueles que possuem a sabedoria do mundo espiritual, que detêm um posto de líder na sociedade, que renunciam à vida mundana para ajudar os pobres e necessitados e aqueles que fazem caridade ou que são fiéis à religião.

No entanto, a pessoa que adquire riqueza interior, como sabedoria e experiência de vida, e riqueza exterior, como bens materiais e dinheiro, pode se considerar uma pessoa evoluída espiritualmente.

Uma vez que você nasceu na Terra para aprender a lidar com a matéria, ações como mexer com o dinheiro, construir projetos, empreender e comprar bens materiais fazem muito bem ao divino em você.

O dinheiro é um instrumento divino para o espírito se realizar e se expandir no mundo material, e, por isso, a riqueza exterior é uma via para a realização espiritual.

Deste modo, a pessoa que vive na pobreza, na falta e sem dinheiro está desconectada com a própria espiritualidade. Por estar doente em sua materialidade, necessita evoluir espiritualmente conquistando a própria riqueza. A partir de hoje, encare suas conquistas e realizações como base para sua evolução espiritual.

47

CARISMA

O carismático se liga em si mesmo

O poder do carisma emana um brilho forte na aura, que fascina e magnetiza quem está ao redor. O carismático produz uma espécie de magia e encanto que conquistam as pessoas apenas com o olhar.

Em suas ações, o carismático passa a impressão de que aquilo que executa parece ser imensamente fácil. Quando o carismático anda, parece até que as portas se abrem sozinhas e que os semáforos ficam sempre verdes.

É muito fácil você sentir e perceber a presença de um indivíduo carismático. Quando ele entra em um lugar, você não consegue tirar os olhos dele. Tudo o que o carismático fala você ouve com muita atenção. Até quando ele conta uma piada sem graça, você ri. Basta observar alguém que está no sucesso e entenderá o que estou falando.

Devido ao forte magnetismo, o carismático de sucesso é sempre imitado pelos meãos ordinários. Os frustrados e de mal com a vida se incomodam muito com quem é carismático e mostram-se com ciúme e inveja, pois, ao serem tocados pela luz do outro, veem o próprio vazio interior. Movidos por uma revolta cortante, adoram caluniar e criticar pesarosamente a pessoa que está no sucesso. É muito fácil vê-los como *haters,* escondendo-se atrás do celular para xingar os Youtubers de sucesso.

É nesse ponto que o poder do carisma separa os *haters* dos carismáticos. Enquanto os frustrados se ligam nos outros, o carismático se liga nele mesmo. E é nesse ponto que você liga o poder do carisma. Se o carismático fosse um tenista, ele agiria assim: "Não me importa quem vai estar do outro lado da rede. Se meu adversário for bom ou ruim, o que importa é que eu esteja no meu jogo. E quando eu estou, não tem pra ninguém".

O caminho para o sucesso

Todas as pessoas de sucesso possuem uma coisa em comum: todas chegaram aos holofotes por seguirem a si mesmas. Confiar em uma ideia sua e manter-se firme em sua capacidade de realizá--la é o caminho para o sucesso.

Quando você tiver um projeto para concretizar, de forma alguma dê ouvidos a comentários e opiniões alheias. Descarte os conselhos até daqueles que dizem apenas querer ajudar e mantenha-se firme em seu propósito. Já vi casos de pessoas que ouviram os outros e nem sequer conseguiram tirar o projeto da gaveta. Quando você pede a opinião do outro, saiba que é muito fácil perder a conexão da alma e ser influenciado pela mente pessimista de terceiros.

Aqui está o segredo do sucesso: de posse do poder do carisma, tenha coragem e ousadia para seguir a si mesmo em seu intento. Mas saiba que uma coisa é alcançar o sucesso e outra é mantê-lo. Muitos chegam a ter sucesso, mas não o sustentam por muito tempo. Se para ter sucesso é preciso seguir a si mesmo e focar naquilo que deseja conquistar, perdê-lo é sinal de que deixou de seguir. Como exemplo, imagine um empresário que tinha sucesso e que, depois de começar a namorar firme, entrou em falência.

Pode ter certeza de que, quando tinha sucesso, o negociante apenas seguia a si mesmo, mas, quando começou a namorar, a namorada do empresário começou a opinar nos negócios. Apaixonado, o empresário começou a seguir os conselhos da moça, e a empresa começou a afundar.

A solução é muito simples: o empresário teria de voltar a ser a pessoa que era antes de namorar, voltar a ouvir a própria alma e a sentir no peito o que tinha que fazer. Nesse exemplo, o empresário fez isso, e, depois de um ano, a empresa saiu do vermelho e os negócios voltaram a prosperar.

Fique no seu caminho, siga apenas sua voz interior e "passe como um trator" por cima de qualquer negatividade, crítica, julgamento e cobrança. Desta forma, seu caminho será sempre no sucesso.

Vendedores carismáticos

O vendedor carismático não força nem pressiona seu cliente a comprar, porque sabe deixar o comprador à vontade. E, quando tem de tirar as dúvidas do consumidor, o faz esbanjando simpatia. Já um vendedor sem carisma é fácil de reconhecer. Você entra na loja, e ele praticamente o encurrala e o sufoca oferecendo-lhe seus produtos. É fácil perceber nele a insegurança e o desespero para lhe vender algo.

Não sei quanto a você, mas, quando vejo um vendedor agindo assim, vou embora da loja na hora. Eu gosto de vendedores que me deixam à vontade e me dão a oportunidade de chamá-los quando há necessidade.

Embora eu esteja usando o exemplo do vendedor de uma loja, esse texto serve para todas as pessoas. Afinal, todo mundo é vendedor, pois todos querem cativar e conquistar algo ou alguém. A vida se dá à base de troca, do famoso dar e receber. Um dentista recebe o cliente com simpatia e zelo para conquistá-lo. Um garçom é eficiente e prestativo com seu freguês para ganhar gorjeta. Até mesmo para fazermos amizade, vendemos nossa imagem a fim de conquistarmos as pessoas. Ninguém gosta de gente rude e antipática.

O vendedor carismático consegue vender tudo o que quer. Além do brilho do carisma que encanta as pessoas, ele não está preocupado com a concorrência e tampouco perde seu tempo tentando saber quem vende mais ou menos que ele. Suas metas e seus objetivos são sempre baseados em sua vontade de se motivar e se superar, e, por estarem focados e confiantes, os vendedores carismáticos vivem na boca dos vendedores frustrados. O que não é problema, pois os carismáticos não se afetam com qualquer crise ou falatório de outros vendedores. E o que é melhor: ainda se destacam como vendedores de ponta.

48
LUZ

As trevas são ausência de luz

Se não houver luz, há escuridão. Se há escuridão, as forças das trevas entram em ação pela ausência de luz. As trevas podem ser vividas no ambiente sem vida, no escuro e no frio, como também dentro da pessoa que vive a própria escuridão. Entre as forças que nutrem as trevas interiores, eu destaco: o sofrimento, o julgamento, a condenação, a solidão, a maldade, o tormento, a perturbação, a inquietação, a miséria, a falta, a pobreza etc.

Por meio das referências acima, você pode imaginar quantas pessoas, neste momento, estão vivendo a própria treva interior. Aquele que está em trevas está com sua casa interior vazia, abandonada e na escuridão. Sem ninguém em casa, uma oportunidade para os espíritos obsessores trevosos ocuparem esse espaço é aberta.

Essa é a lei. Se você não ocupa seu espaço, outra pessoa vai ocupá-lo em seu lugar. A solução está em voltar para sua morada interior e se ligar na luz da alma. Com o dono de volta à casa, quem vai querer invadi-la?

No instante em que acendemos a luz da mansidão, da paz, do bem-querer e da bem-aventurança, nos ligando à alma pelas forças divinas do bem, os ratos, as baratas e os obsessores são automaticamente expurgados. Mas quando damos margem ao medo, ao desespero e à perturbação, a luz da alma se apaga e as trevas voltam a reinar.

Independentemente do que acontecer em sua vida, fique sempre com a luz da alma acesa, pois, quando a casa está na luz, as forças das trevas não chegam nem perto.

Quem está nas trevas não vê luz

Não se queixe de quem não lhe deu amor, atenção e consideração. Se tal pessoa não lhe deu valor e apoio é porque não tinha para dar. Se seus pais não o consideram ou não o valorizaram, não se sinta mal por causa disso.

Quando o outro não enxerga ou não reconhece sua luz, seja depreciando-o, ignorando-o e pondo você para baixo, isso revela que ele está nas trevas. E quem está nas trevas não enxerga a luz, portanto, não conseguirá também enxergar seus dons, suas habilidades e seus potenciais, que representam a luz em você. Muitos filhos passam a vida inteira mendigando o reconhecimento dos pais e não recebem ao menos uma migalha.

Quem não tem luz não pode doar luz. Por esse motivo, abdique do posto de pedinte e dê a si mesmo reconhecimento e validação. Lembre-se de que não é da luz do outro que você sente falta, é da sua luz.

Luz da vida

A fonte mais poderosa, intensa e profunda em vida, que age em todos os âmbitos de sua realidade, trazendo-lhe bênçãos em tudo que toca, chama-se luz da vida.

Quando os espíritos obsessores do astral inferior são expurgados, quando há cura de alguma doença, quando o medo se transforma em coragem e o desespero em paz, isso acontece porque você foi banhado pela luz da vida. Então, se neste momento, você estiver nas trevas do medo, da confusão, da preocupação e do desespero, pare agora com esse tormento e acalme-se.

Quando estiver mais calmo, peça com toda a sua força que o universo, por meio dos canais de luz em você (da consciência, da alma e do poder superior), invada seu ser e, com sua força de vida e cura avassaladora, abra as portas e as janelas deixando a luz da vida penetrá-lo. Feche os olhos, e o poder em forma de tsunami levará embora suas mágoas, culpas e feridas.

A luz da vida é um direito seu! Não precisa pedir autorização a ninguém para receber sua magia de cura. Não precisa rezar nem orar.

Tudo o que você tem de fazer é aclamar o universo e pedir com todo o seu coração que a luz da vida limpe e purifique seu ser. Pronto para renascer?

49
DINAMISMO

Vida é movimento ou movimento é vida?

A vida flui por meio do poder do dinamismo. Deste modo, vida é movimento porque, o tempo todo, o estimula a sair para trabalhar para garantir seu sustento. Movimento, por sua vez, também é vida, pois um corpo sedentário adoece e morre. A vida não gosta de nada que fique parado. Na natureza tudo o que fica parado morre. Transferindo o movimento às relações humanas, o fluxo do movimento acontece pelo dar e receber.

Quando você acumula muitas coisas velhas, não abre espaço para o novo. Para ter equilíbrio e prosperidade, é necessário o fluxo corrente número 8, que funciona como força que entra e sai incessantemente.

Não queira apenas ganhar dinheiro; gaste-o investindo em seus talentos. Não queira apenas economizar; invista seus rendimentos. Não queira apenas usar seu dinheiro para benefício próprio; crie uma maneira de usá-lo para melhorar a vida das pessoas. Não acumule conhecimento apenas; divida-o com outras pessoas. Árvore que divide os frutos se torna cada vez mais forte.

O que você não usa, atrofia

Você reconhece quais são suas capacidades e seus talentos? Se sim, você os usa no seu dia a dia? Se este não é seu caso, tenho uma importante notícia para lhe dar. Se você não usá-los, eles vão atrofiar. Essa é uma lei maçante da vida: o que não se movimenta morre e o que não é usado atrofia.

Se você tem talento para pintura, culinária ou para aprender línguas e os reprime trabalhando com coisas que não exercitam seu talento ou se você diz que precisa priorizar o dinheiro para garantir o pagamento das contas no final do mês, saiba que seu talento, seu dom que vale ouro, está atrofiando. Se você nem lembra mais qual é seu talento, saiba que ele já atrofiou.

Mas, se existe uma fagulha acesa, ainda dá tempo de botar seus talentos e suas capacidades para funcionar. Vale muito a pena zelar por seus talentos e seus potenciais, pois eles representam as pérolas originais com que sua alma o presenteia.

O entusiasmo e a motivação de acordar radiante pela manhã e com aquela vontade gostosa de trabalhar dependem muito do empenho de botar seus talentos para fora. Despertar para seus talentos é despertar para você. Germine suas capacidades e seus talentos com todo o seu carinho e amor, e em seu ser brotará uma alegria de viver contagiante.

Os desafios o movimentam

Muitas pessoas acreditam que uma vida tranquila e em paz é uma vida sem desafios. Quanta ilusão! Diferente do que você possa imaginar, os desafios são a grande bênção da humanidade, que necessita estar o tempo todo em movimento para não estagnar sua existência como *ser* que está em constante desenvolvimento e evolução.

Não há como fugir dos desafios. Seja parado, seja em movimento, seja pobre ou seja rico, todos os seres humanos do planeta — cada um na medida certa — está vivendo seu próprio desafio para expandir sua consciência. E vai ser assim até o dia em que fizer a passagem para o além. Isso sem contar os desafios que vão vir no plano astral.

De qualquer modo, para as pessoas que vivem na zona de conforto da conveniência e do comodismo, a vida provocará uma série de desafios para que elas abdiquem desse padrão e comecem a se movimentar rumo ao melhor, que está guardado dentro delas.

A doença, o sofrimento e a falta material não são castigos divinos, muito menos carma; são uma forma de desafio que ajudam as pessoas a saírem da estagnação, do orgulho e da vaidade para começarem a se movimentar para uma nova vida. Se o desafio vai acontecer pela inteligência ou pelo sofrimento, dependerá do grau de estagnação e desprendimento.

Desde já, abençoe e encare todos os desafios que baterem à sua porta. Seja qual for, saiba que é para o seu bem.

O medo é um freio

Sua vida está estática? Você sente que as coisas estão amarradas? Faz de tudo para as coisas fluírem, mas nada acontece? Tem se desdobrado para realizar algo, mas ainda não conseguiu atingir seu propósito? Se algo em sua vida não deslancha é porque dentro de você há uma força contrária a isso segurando seu potencial realizador.

Essa força refreadora é o medo, que trabalha como um sabotador do seu sucesso. Aí você diz com certa indignação: "Não acredito que saboto minha própria realização e felicidade!". Sinto lhe dizer que, quando tem medo, é isso que você faz: boicota suas realizações.

Embora exista um lado dentro de você que queira conquistar seus intentos e ser bem-sucedido em seu empreendimento, há outro lado que tem medo — e pode ser qualquer tipo de medo: de errar, de fracassar, de se expor etc. É justamente quando a pessoa apoia o lado que tem medo que a possibilidade de concretização é aniquilada.

Não adianta! O indivíduo pode ter 90% de vontade de buscar seus ideais, mas os 10% de medo vão brecar os 90%. É necessário que a pessoa esteja inteira naquilo que deseja e tomando posse de sua coragem e ousadia.

Estando inteiro nada nem ninguém poderão impedi-lo de concretizar seus anseios. Fique do seu lado para o que der e vier e, quando o medo aparecer, ignore-o e mantenha-se firme em seu propósito. Liberte-se do medo, solte o freio, invista na confiança de sua realização e vá ao encontro do seu sucesso!

50
UNO

Espírito Uno

O Uno está em tudo o que existe, pois está dentro de você e fora de você, formando um infinito espírito uno que se liga a tudo. Ele está nas árvores, nos animais, no mar, nos peixes, nas montanhas, no nascer e no pôr do sol, em todos os seres humanos, nas células do corpo humano e em tudo que seus sentidos perceberem.

Para o poder do Uno, não existe o que está dentro e fora, pois nada está separado. O próprio ecossistema do nosso planeta é a prova de que toda a natureza está ligada. Basta ver como a poluição e o desmatamento de árvores afetam negativamente a vida de todos os seres vivos na natureza.

Você e todos os seres na Terra e nas infinitas moradas das infindáveis dimensões e dos universos são um holograma do todo. A palavra holograma vem do grego *holos*, que significa "inteiro", e *graphos*, "sinal e escrita", ou seja, você é um sinal inteiro de que o Uno é você e você é o Uno.

O fato de que cada ser é em si mesmo o Uno revela que cada indivíduo é o próprio universo em si, o que nos liga ao poder do espírito e ao poder da criatividade, em que cada um é seu próprio centro e criador da própria realidade. E isso só é possível por haver um Uno que nos liga ao todo.

Nesta imersão de o Uno viver em você, tudo aquilo que você imaginar, pensar, falar, sentir e fizer influenciará o planeta Terra e o universo em sua totalidade. Sua tristeza e sua felicidade emitem ondas de energia que tocam o todo de modo mútuo, pois, quando você está triste, o universo também fica triste, e o mesmo acontece quando você está feliz.

Se você se coloca contra si mesmo, produzindo pensamentos negativos, sentimentos ruins e atitudes contra sua natureza, o Uno em você, que está ligado ao todo, cria uma realidade em sintonia, sincronia e semelhança às contrariedades nutridas em seu mundo interior.

Mas, quando você está a favor de sua prosperidade e de sua abundância, o Uno em você promove uma realidade favorável para essas bênçãos. Como tudo está ligado, se você deseja o mal ao outro, deseja também o próprio mal. Quando você está alinhado consigo mesmo, está ao mesmo tempo alinhado com o Uno e com a existência de todos os seres do universo.

Você é um canal do universo

Quando um querer bater em seu peito, saiba que não se trata apenas de um querer gerado pela vontade do seu Eu particular e sozinho, mas sim um querer gerado pela vontade do poder do universo em você.

Quando você sente os anseios da alma para realizar um projeto ou um empreendimento, tenha consciência de que é o Uno em você que quer. E não me refiro ao querer da cabeça destrambelhada e perturbada que deseja um monte de besteiras inúteis só para nutrir o ego e fazer panca de maioral para os outros. Estou falando do querer que vem do fundo do seu ser e que se liga diretamente com as necessidades que sua alma deseja que você realize em sua vida.

Por isso, quando for tomado por essa sensação do querer de alma, você saberá que nada nem ninguém poderão impedi-lo. Aliás, ninguém pode medir forças com o Uno em você. Nem mesmo a inveja, a macumba e tampouco um exército que se coloque contra poderão impedir as forças do universo de agir em você para realizar seu sonho.

Quando você estiver trabalhando em seu projeto de vida, não sinta que está fazendo a coisa sozinho, pois isso vai limitar muito as possibilidades de realização, afinal, é do Eu sozinho que nascem a insegurança e o medo.

Abra-se para o todo e sinta que as forças do universo estão trabalhando junto para realizar seu intento.

Confie, e sua confiança e coragem serão intocáveis. Então, quando surgir um querer que se encaixe em seu peito a ponto de dizer "isso foi feito para mim", pode confiar que o universo está vibrando em você.

Tudo é possível

Para o Uno, tudo é possível de acontecer em sua vida, pois nada é impossível. Aquilo que você diz ser um milagre foi a concretização do "tudo é possível" que fez a coisa se tornar real. O mérito do dito "milagre" é, portanto, da pessoa que o atraiu com a energia do Uno existente dentro dela. Será, então, que foi mesmo um milagre?

Para o Uno, que é dotado de infinita abundância e prosperidade, sua capacidade de gerar riqueza, curas e bênçãos é tão grande que, se todos os seres humanos estivessem alinhados com o Uno e se sentindo como um canal dele, todos os seres no planeta poderiam ser iluminados e milionários. Para o Uno, fazer materializar um real ou 100 milhões de reais é a mesma coisa.

As pessoas, no entanto, se fecham no pessimismo e no egoísmo para o canal com Uno do "tudo é possível" e por isso acabam criando uma realidade limitada e dificultosa.

A força do Uno existente em você funciona pela confiança no bem e pela generosidade. Veja a coisa por esse ângulo: por trás de uma vida pequena e com dinheirinho contado, existe a possibilidade de uma vida grandiosa, farta, confortável e abundante aberta para você. Tudo o que tem a fazer é sair da cabeça mesquinha e fechada e voltar-se para o poderoso sentir da alma, que tem sintonia fina com o "tudo é possível" do Universo.

E não se esqueça: o "tudo é possível" vai funcionar pelo seu mérito de fazer aquilo que você almeja que aconteça. Sendo assim, a responsabilidade de tornar a coisa real é só sua. O "tudo é possível" vai apenas refletir seu estado interior.

Rede dos poderes

Os cinquenta poderes em você não estão separados; todos se ligam entre si. Aliás, um poder não poderia existir sem o outro. Sendo assim, nenhum poder é mais importante que o outro. Cada poder é uma pérola preciosa, e juntos eles formam seu tesouro interior. Se um dos poderes se ausenta, ele faz uma tremenda falta e um grande rombo em sua vida, pois em algum aspecto de sua realidade isso se refletirá num vazio angustiante.

Os poderes são tão essenciais que, se você tiver se apoderado de apenas um deles, ele o ligará a outro poder e assim por diante até que a rede dos cinquenta poderes em você esteja formada. Por exemplo: o poder da sexualidade se abre para o poder da sensualidade, que se abre para o poder da materialidade, que, por sua vez, se abre para o poder da espiritualidade, da consciência, da alma, e por aí vai não necessariamente nessa ordem.

Para falar a verdade, não há ordem alguma. Por não existir uma regra que defina uma ligação exclusiva entre os poderes, você pode agregar quantos poderes desejar, formando a sua melhor qualidade. Por isso, os poderes nesta obra não seguem uma ordem, pois todos são essenciais em sua vida.

O poder da receptividade, por exemplo, lhe diz que você deve se manter receptivo às oportunidades que a vida lhe apresentar, no entanto, esse poder puxa o poder do limite, que é essencial para que você respeite o limite de dizer não para uma oportunidade que não faça sentido à sua alma.

No caso acima, os dois poderes se unem em uma rede para fazer a pessoa manter-se receptiva às oportunidades, mas respeitando os próprios limites. Essa mesma conexão acontece com todos os poderes em você.

Quando você tem consciência dos cinquenta poderes em você, aprende como seu mundo interior funciona e, simultaneamente, como as pessoas e a vida funcionam. Por esse motivo, os cinquenta poderes em você o colocarão na posição de ser o centro do seu universo para criar a vida dos seus sonhos!

Então é isso, pessoal! Torço para que, com esta obra, você busque autoconhecimento, se empodere dos poderes descritos no livro e os emancipe da melhor forma, para que lhe gerem uma vida repleta de felicidade, paz, riqueza, saúde, bons relacionamentos e realizações. Afinal, você é muito poderoso e tem tudo para ser feliz! Fique com sua luz e nos veremos em breve!

Um abraço de alma do amigo Cristiano Malamud!

Grandes sucessos de

Zibia Gasparetto

Com 18 milhões de títulos vendidos, a autora
tem contribuído para o fortalecimento da literatura
espiritualista no mercado editorial e para a popularização
da espiritualidade. Conheça os sucessos da escritora.

Romances
pelo espírito Lucius

A verdade de cada um

A vida sabe o que faz

Ela confiou na vida

Entre o amor e a guerra

Esmeralda

Espinhos do tempo

Laços eternos

Nada é por acaso

Ninguém é de ninguém

O advogado de Deus

O amanhã a Deus pertence

O amor venceu

O encontro inesperado

O fio do destino

O poder da escolha

O matuto

O morro das ilusões

Onde está Teresa?

Pelas portas do coração

Quando a vida escolhe

Quando chega a hora

Quando é preciso voltar

Se abrindo pra vida

Sem medo de viver

Só o amor consegue

Somos todos inocentes

Tudo tem seu preço

Tudo valeu a pena

Um amor de verdade

Vencendo o passado

Sucessos
Editora Vida & Consciência

Amadeu Ribeiro

A visita da verdade
Juntos na eternidade
O amor não tem limites
O amor nunca diz adeus
O preço da conquista

Reencontros
Segredos que a vida oculta vol.1
A beleza e seus mistérios vol.2
Amores escondidos vol. 3

Ana Cristina Vargas
pelos espíritos Layla e José Antônio

A morte é uma farsa
Em busca de uma nova vida
Em tempos de liberdade
Encontrando a paz
Ídolos de barro

Intensa como o mar
Loucuras da alma
O bispo
O quarto crescente
Sinfonia da alma

André Ariel

Além do proibido
Em um mar de emoções
Eu sou assim
Surpresas da vida

Carlos Henrique de Oliveira

Ninguém foge da vida
Tudo é possível

Carlos Torres

A mão amiga
Querido Joseph (pelos espírito Jon)
Uma razão para viver

Cristina Cimminiello

O segredo do anjo de pedra

Eduardo França

A escolha
A força do perdão
Do fundo do coração
Enfim, a felicidade
Vestindo a verdade
Vidas entrelaçadas

Evaldo Ribeiro

Aprendendo a receber
Eu creio em mim
O amor abre todas as portas (pelo espírito Maruna Martins)

Flávio Lopes

A vida em duas cores
Uma outra história de amor

Floriano Serra

A grande mudança
A outra face
Ninguém tira o que é seu
Nunca é tarde
O mistério do reencontro
Quando menos se espera...

Gilvanize Balbino

De volta pra vida (pelo espírito Saul)
Horizonte das cotovias (pelo espírito Ferdinando)
O homem que viveu demais (pelo espírito Pedro)
O símbolo da vida (pelos espíritos Ferdinando e Bernard)
Salmos de redenção (pelo espírito Ferdinando)

Leonardo Rásica

Celeste - no caminho da verdade

Lucimara Gallicia
pelo espírito Moacyr

O que faço de mim?
Sem medo do amanhã

Lúcio Morigi

O cientista de hoje

Marcelo Cezar
pelo espírito Marco Aurélio

Acorde pra vida!
A última chance
A vida sempre vence
Coragem para viver
Ela só queria casar...
Medo de amar
Nada é como parece
Nunca estamos sós
O amor é para os fortes

O preço da paz
O próximo passo
O que importa é o amor
Para sempre comigo
Só Deus sabe
Treze almas
Tudo tem um porquê
Um sopro de ternura
Você faz o amanhã

Márcio Fiorillo

Nas esquinas da vida

Maura de Albanesi
pelo espírito Joseph

O guardião do Sétimo Portal
Coleção Tô a fim

Meire Campezzi Marques
pelo espírito Thomas

A felicidade é uma escolha
Cada um é o que é
Na vida ninguém perde

Mônica de Castro
pelo espírito Leonel

- A força do destino
- A atriz
- Apesar de tudo...
- Até que a vida os separe
- Com o amor não se brinca
- De frente com a verdade
- De todo o meu ser
- Desejo – Até onde ele pode te levar? *(pelos espíritos Daniela e Leonel)*
- Gêmeas
- Giselle – A amante do inquisidor
- Greta
- Impulsos do coração
- Jurema das matas
- Lembranças que o vento traz
- O preço de ser diferente
- Segredos da alma
- Sentindo na própria pele
- Só por amor
- Uma história de ontem
- Virando o jogo

Rose Elizabeth Mello

- Como esquecer
- Desafiando o destino
- Os amores de uma vida
- Verdadeiros Laços

Sérgio Chimatti
pelo espírito Anele

- Apesar de parecer... Ele não está só
- Ecos do passado
- Lado a lado
- Os protegidos
- Um amor de quatro patas

Conheça mais sobre espiritualidade com outros sucessos.

 vidaeconsciencia.com.br   /vidaeconsciencia   @vidaeconsciencia

Rua Agostinho Gomes, 2.312 – SP
55 11 3577-3200

contato@vidaeconsciencia.com.br
www.vidaeconsciencia.com.br